阳山耸秀

YANG SHAN SONG XIU

中国·苏州

古吴轩出版社

《文蕴高新》丛书

褚　馨／著

图书在版编目（CIP）数据

阳山耸秀／褚馨著．—苏州：古吴轩出版社，2018.8

（文蕴高新）

ISBN 978-7-5546-1201-9

Ⅰ.①阳… Ⅱ.①褚… Ⅲ.①山—文化研究—苏州 Ⅳ.①K928.3

中国版本图书馆CIP数据核字（2018）第183235号

责任编辑：俞　都

见习编辑：王　芳

装帧设计：卞　锐　尚　海　朱　坤

责任校对：徐小良　黄菲菲

责任照排：卞　锐

图片提供：苏州高新区党工委宣传部　苏州高新区摄影家协会
　　　　　　褚　馨等

书　　名：阳山耸秀

著　　者：褚　馨

出版发行：古吴轩出版社

地址：苏州市十梓街458号　　　　邮编：215006
Http：//www.guwuxuancbs.com　E-mail：gwxcbs@126.com
电话：0512-65233679　　　　　传真：0512-65220750

出 版 人：钱经纬

印　　刷：苏州市越洋印刷有限公司

开　　本：889×1194　　1／32

印　　张：6.75

版　　次：2018年8月第1版　第1次印刷

书　　号：ISBN 978-7-5546-1201-9

定　　价：36.00元

如有印装质量问题，请与印刷厂联系。0512-68180628

《文蕴高新》丛书编委会名单

《文蕴高新》丛书序

范小青

1990的秋天，苏州古城以西，太湖东岸，运河之畔，狮山脚下，在那一片土地上，出现了两个字——高新，成立了一个区，全称是苏州高新技术开发区。

在那个时代，在那些特殊岁月中的早一些的日子，或者迟一些的后来，在全国各地各处，出现了许许多多的"高新"，许许多多的"经济发展""技术开发"，如雨后春笋，星罗棋布。

而今，近三十年过去了，许多"高新"已不再高新，许多"开发"也已成为过去时，而当我们回望苏州高新区的前进足迹时，我们欣喜地看到，苏州高新区的路，越走越新，她展翅翱翔，越飞越高远。

天高任鸟飞，海阔凭鱼跃。

因为土厚，所以根深，因为根深，所以叶茂，这就是苏州高新区的今天：梦想照进现实。

苏州西部的这片土地，是热土，是厚土，是沃土，是一片神奇的地方，是一块遍地玑珠的宝地。千百年来，这里洒落了一地的文化的种子，沉淀着浓厚的内力，积累出非同一般的耐力，所以——

苏州以西，有山，山不在高，有满山丰硕的果实，那是文化的力量所滋养所催生的果实；

苏州以西，有水，水很辽阔，太湖运河相辅相成，那是历史的风雨所荡涤所洗礼的结晶；

苏州以西，有艺，艺很精湛，妙手撷英一应俱全，那是民间大家工匠精神的具体体现。

阳山耸秀，白云红叶影离离；
运河流芳，姑苏城外寒山寺；
太湖观澜，湖山处处好淹留；
百工遗韵，一方素帕寄心知；
锦绣兰心，瑶姬学绣流苏幔。

是的，我们知道，苏州高新区遍地胜览遍地贤，满山珍宝满山趣，我们愿意尽情地去行走，我们希望全身心地去投入，只是可惜了，我们的足迹，恐怕无法踏遍高新区的每一寸土地，即便是随意地走一走，看一看，对于忙碌而焦虑的现代人来说，可能都是十分奢侈的梦想；我们的目光，被城市的高楼所遮挡，也无法将这个缤纷灿烂的世界全部地、一一地看过来。

其实，不用担心，也不必着急。

从前，关于苏州园林，有"不出城郭，可享山林之美"的说法，而今天，现在，我们眼前的这套《文蕴高新》丛书，几册在手，随意一翻，便可让我们历经高新区文化之精华，遍览高新区文脉之印迹，了解高新区文本之渊源。

这是站立在纸上的文化高新，它不是地图，却像是一幅地图，沿着它的指点，我们就行走在苏州高新区这片古老宁静又是阳光普照、欣欣向荣的土地上了；

这是流动在心头的鲜活高新，它不是乐器，却弹奏出延续了千百年而仍然生机勃勃的音乐之声；

这是厚重的源远流长的历史高新，它不是一座博物馆，却是行行玑珠，页页有宝。

我们在这里尽情地徜徉，在这里恣意地行走，说不定就遇上了夜宿寒山寺的张继，还能看到王鏊登阳山，沈周畅游白马涧；

我们细细地鉴赏那些精湛的民间工艺，从而体会到从古至今苏州以西这片土地上的人民是怎样将精雕细刻融入生命和灵魂之中的；

我们来走一走长达二十五公里的环太湖风光带，饱览着湖滨自然山水风光，再到沿岸看一看遍布着各具特色的生态村庄和传统人家，历史悠久的古街、古建、古迹；

我们再沿着大运河看一看，经过浒墅关，跨过枫江桥，穿过横塘路，运河文化的浓郁风情一路伴随着我们；

我们一路走来，满目青山绿水，处处名胜古迹，我们还听到了纯朴的《小姐嫁郎歌》，我们还品尝了著名的太湖三白，我们还看到了惊为天作的苏绣精品……

《文蕴高新》丛书犹如一根长链，将苏州高新区遍地的珍宝，串连起来了，集中起来了，手执一册丛书，高新区的古往今来，一下子尽收眼底，一下子看个够，了解个透。

这几乎就是一部关于苏州高新区文化传承的小百科全书了。

《文蕴高新》丛书无疑会将苏州高新区独树一帜的标识和印记牢牢地烙在每一个读者的心灵深处，她不仅是一本书，更是苏州高新区向世界传递出的一张精彩名片，一张带着体温和情感、带着浓郁乡情的名片。

目录

看

山

还

是

山

上篇

一

山水如画，画描山水。山水堪写，写就山水。

山水是现实之境，山水画是审美之境。山水印痕了时间的跌宕，山水画描摹的则是一种理想。

山水文章又是另外一型。主观的进入，思维的延宕，更有可能产生一万个世界：听过的阳山、读过的阳山、征服过的阳山，直至现在用几万字堆砌而成的阳山，不同的维度，均指向了这座山的波澜、神秘，一言难尽。观望其形，巡游其径，两种完全不同的体验，反反复复交织前行，直至有一天慢慢相融，千变万幻的切面，终于聚成了一道炫目的钻石之光。

雾锁山峦听晚钟

很难用那些形而上的词语来定义阳山，就好像你不可能通过一次即兴而至的游历体验就能够确定阳山。阳山比想象中复杂，比现实中恢弘，它的庞然之中包罗了一座山能够提供的所有丰饶：石英岩来自远古时代的沉淀，地壳运动促成了高岭土矿藏的蓄积；覆物经年，或者经年一换；山体褶皱之间的微妙物候促成了某些作物的盛产，又蕴蓄了它所特有的四时之光、风土人情。

后来才知道，于苏州很多有名、无名的山头，遥遥相见巍然淡远的那山，原来就是阳山了。立于城中高楼之上，每回眺见西北向的山影，都会被霍然震到，背景一样的存在感，很像是对城际线的勾勒，或是对这座城市的镇守。心里是隐隐知道的，看到这一片山影，似乎就看到了城市之界。

阳山沉寂已久，乃至城中人免不了要将其与无锡盛产水蜜桃之地混淆。山名昭昭，或也默默。阳山距离城廓，毕竟尚有一段物理乃至心理距离。无关的人也许不会看见阳山，暂未发生的联系也会屏蔽偶尔瞥到的目光。

我们上上下下攀爬着苏州高高低低的西部山脉，从不同角度交汇而来的目光，与这样雄浑的一座山寻常见，又寻常不见。阳山近旁多年，我们陌路不识，视而不见，或也是因为它的隐，大隐隐于阳山。

山的隐与不隐，都是历史片层。后来读一点书，知道阳山山系葬有多位吴王以及王室成员；又读了一些诗文，默识这山的某几个角落，也曾是明清两代文人墨客的桃源地，某一座崖壁，某一处潭泉，概有诗文咏记，以文字截屏。

因为经历过漫长的时间，所以这座山名为阳，也只是某一段的标识。它叫过四飞、秦余杭，或者万安，这些山名各有出处，以形貌，以传说，每一个山名，都是这座山的一个时代。

阳山是形态定义上的一座山，十几座山峰、六七条长岭、四五道岩壁、七八潭山泉，它们完成了从时间到空间的一次全方位集结，单列出来，都有可说，都是阳山的千头万绪之一二。几万字言，若干篇章，诸多解构，化整为零，这些经纬线互相交织，最后依然归零为整。

无论如何，我们现在已经比历史上任何时候都更接近阳山。

二

　　在我们所延及的时代，阳山起先是一座矿山，或者说是矿山的一部分。现在它变成了一座浩瀚的森林公园，几座乐园或者植物园的山地背景，是非常雄浑并且完整的一座壮硕青山。更多时候，阳山是城市高架线上快速奔驰的群山中，汹涌而至的最后一组。

　　因为高架道路的架起，太湖大道的贯通，以视觉计，阳山已经被推到城市面前。在奔向太湖的某条路径，阳山赫然由远及近，但是就在已经无限接近的时候，我们又回到地面，视线交错。

　　在高架线上逡巡群山，也有一览众山小的新鲜空间感，这种错位，时有震撼。这是城市高架线赠予现代人的另一个视角，另一种真相。

苏州的山，温软低缓，取到合适的角度，会见识到它们的连绵不尽，竟也是一种并不曾想象过的壮观。中环线贯通之后，于某个黄昏驶上西线，扭头向西，看到第一帧之后，眼睛就再也舍不得离开。是的，距离刚刚好，车轮飞驰，正是一幅山水长卷的打开与观摩方式。

一路向北，至恍惚能够识别，吴中的山已经速速退去，宛若芋头一颗的金山如同坐标，当视线聚焦于它遗世独立般的存在，后面的灵岩、天平，早已幻化为一片虚景。寒山与支砌山接踵进入识别系统，是因为已有山寺的黄色庙墙可见，那是法螺寺。庙墙昭著，它们有了一点点的辨识度。而那一条著名的花岗岩山脉沿着中环西线延绵很久，几乎一路相随，一座又一座，完整抛物线描下了历历分明的一山又一山。

经过与太湖大道的互通之后，便是阳山图卷。与群山比肩，阳山不自觉地退远了一程。此山庞然，山形墩墩，这种优雅的退后一步在视觉上很有必要。山影黯淡几分，心中敬畏更重几分。在高架路上回望，落日熔金，山体涌现出来的蓬勃，令人感觉到一种巨大的安全感正在缓缓降落，安然如归。

从前，于阳山东望城廓，只有视线以下的芸芸众生。今时今日立于阳山之巅，目光越过层层障障的蒸腾城区，眼前倏然一亮，原来城内有东方之门这样的摩天大楼与之互相致敬了。

因为遥遥相距的东方之门，大阳山忽然就有了地理意义上的参照，三四十公里算不得远，却也是一个了不起的目距了。目距以内，正是我们这座城市全新的体量。

三

　　仓颉造字，予"山"连绵之意。摊开《太湖全图》，苏州西部的勾勒，遍布一脉又一脉的隆起。苏州分布有大小山脉一百余座，都属浙西天目山向东北延伸的余脉，隆起于距今约有1.8亿至1亿年的中生代，彼时气候干热，中国境内发生着大规模的燕山期造山运动。苏州的低山丘陵派系，海拔多在100～200米之间，极少数山峰突起在300米以上。阳山就是300米以上山峰中的一座。

　　山峦因地壳隆起而呈现，本质上只是形态上的特异，却也因为这种形态上的变异，极大地丰富了地理层面以及非地理层面的生态多样。

阳山曾有一个名字叫"四飞"，寓意东南西北四向，都形同有翼。同一座山，四个方向，各有不同的地质构成与风向水土，各自积蓄，慢慢形成各自不同乃至大相径庭的风景。它们都是阳山，却是完全不同的阳山。

阳山西北，是崇岩深壑。这种以山为屏，与城廓隔离的天时地利，似乎很容易积淀一种郁然气质。明清文人小众热捧的大石山便是这一脉，大石岩岩，争相文诵，恰如古人总结，文章借山水而发，山水得文章而传。

阳山山南，转借岳岱《阳山志》里一句话来讲，"多荒峻"，言简意赅，几多想象。倒是今日立定阳山南麓，山峰参差见，如墨玉耸然。

阳东、阳西都曾有过大型高岭土矿，从前露天采矿，山体被裁，山下深挖。此山富足的优质高岭土矿藏令人无法忽视它的经济价值，很长一段时间内，它只是一座矿山，一个出产高岭土的工厂。少有人会对一座矿山投注以惋惜的心情，竭泽而渔的忧虑尚且来不及酝酿，物尽其用的热忱已经汹涌而至。

却也挖掘有期。世界上所有的矿山都有开采年限，短则数年，长不好说，采完即止。山服役久，从此进入漫长的修复期。有一次开车绕经阳山西坡，山腰很大一块岩口正在被修补，又有形似绿色方格纱布的田字格粗粗掩着，等待着缓慢并且充分的修复。

阳山·西坡

11

阳东、阳南、阳北正在被新的人迹重新堆叠、改造，阳西尚无定论，且还以一座天然的绿屏面目，昂然之态，令人折服。但因四旁近乎空空如也，这西坡的庞然，映在碧空之中，尤其显著。

　　地质考察早已探明，这一座阳山，东南端为花岗岩，西南部为砂页岩，中南部为石英砂岩，北部为火山岩。山体地层，构成于山脉隆起之前更为久远的年代，阳山不同的地质构成来自不同时间的地层积蓄。来自遥远年代的无机物看起来才是真正的永恒者，虽然它们也有它们的消失频率——缓慢，近乎看不见，却也是一种真正的消失。随着时间的流逝，所有的山脉都会变化，它们会因为本身的重量而下沉，露在表面的岩石也会遭受剥蚀，要不是地壳一直在运动的话，它们最终都会消失。

　　人之向老，山之向钝，这些都可原谅。

每个时间片层皆有故事发生与收藏，伤痕也好，修复也罢，茫然四顾，山石无言。遗迹存在着被误读误解的可能，记载存在着被矫枉过正的风险，所有的解读都有可能只是片面之词，所有的抒怀都有可能只是一念之思。那些已经写下的，或者暂未被写下的，都弥足珍贵，因为它们都是文明被刻录的一种方式。

阳山之大，每一坡都早已有了各自的时间线，每一个褶皱里都有可能叠着乾坤。每当我们穿行山林，大山能够给予的神秘感或者说高不可攀，很大程度上来源于物理意义上的隔离。后来有了在高架上驰骋的机会，山丘于视野中的快速移动起来，也是一种神奇的视觉交替。因着山的渐远渐近，心理上的膜拜与亲昵，不断腾挪变幻。

阳山·南坡

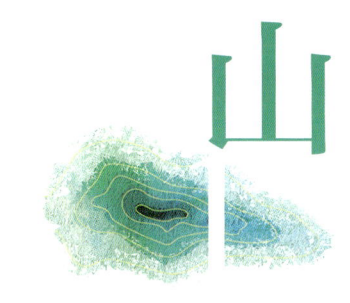

山

风

度

层

嶂

摩崖石刻 箭阙山

一

　　大阳山的千头万绪，注定了访山之路的漫长、重叠与交互。有时候是直奔阳山；有时候特意辗转另外的山头，眺望阳山。阳山山中，也有由此及彼的移动、观照、互望。来时茫茫，回头一望，总有几分醍醐灌顶涌上心头。

　　阳山绵延，山峰错立，不同角度，山影各有穿插。有一次在珠冠峰南望，眼前三座山峰齐肩并立的样子，实在令人肃然起敬。小景如风，长卷如颂，阳山便是这长卷风范，横陈、徐徐展卷，看过一峰，至下一峰。峰无尽，其实已经到了下一山，但于视觉上已经连贯而不可分。

　　第一峰是箭阙。回想彼时第一次独上箭阙，立于峰顶，眼前诸多山峰，因为不识，看着难免相近。后来多看几回，便觉峰有参差。长卷要一点点打开，才能看得细密，看得真切。捧读眼前，又很值得往复逡巡。山，每攀过一回，都会有更新鲜更具体的印象堆叠上来；每细辨出其中的毫微差别，都会感慨山水此间，果然有一种常看常新。

阳山十五峰，新旧志书，囊括不同。箭阙峰是毫无异议的绝顶，旧书里通常都写作"箭缺"，形两岐，谓之缺，李根源在《吴郡西山访古记》中干脆直接称它"箭缺山"。这个"缺"，据说来自秦始皇的箭镞所穿，真假不论，但是传闻解构了天文地理无法解释的现象，人们接受这样的附会，也喜欢这样的会心一笑。

阳山十五峰，各有别致。有箭阙这样的独出众峰，成为山之坐标；有长云、韦驮这样的双峰并立，是峰，也如崖壁；还有鲤鱼这样的群峰，峰下峰，既得形似，也得神似……

摩崖石刻　李根源　箭缺

有峰独立为山，大石峰即大石山；启龙峰即鸡笼山；獾峰即管山，也就是今天的观山。又有峰趋于隐，匿于山中密林，非足履不能够抵达，比如大石山中那一枚妖娆的象鼻。

峰与峰之间，有对峙、互致敬意，也有相连的欲望。

从文殊岩通往阳山北珠冠峰的木栈道，恰好落在东西皆有眺望的山岭之上，此种左右皆为往返的山路，甚是迷人。"东观云海日出，西望太湖落照"，看到这样的古人落款，不禁想要上前与他握个手，古今皆然，并无差池。

大暑日，落雪天，秋高气爽圣洁有光，冬日霾中雾里看花。远观山影，近勘山径，目光与脚步，分步抵达。与一座山相识相知，脚步的丈量，是为深层次的交往。虽然在一座山上移动脚步，常常是琐碎的、单调的，令人多少有点不耐烦；但若没有这些碎步的串联，山便永远只是一座形而上的山，山姿绰约，与你无关。

如果不曾亲自走过几遍，你便永远不知道一座山，它的蓄积何来，缺陷何在，更将错失良机领略某个机关处暗伏的惊喜。爬山，以脚步征服这一座庞然大物，大概是人与山发生关联的唯一途径。印象总是模糊，经过才会确凿。人与山的能量交换，至少要交割出一点卡路里。

很多次，从这一峰，迎面走向下一峰，感觉极好。山岭上的逶走，与密林之中的上上下下，各有不同境界，在有如长卷一般浩瀚的阳山之中，眼中有景，心中有径，都很重要。

二

箭阙峰，或许更适合独自前行。它尚是一座野峰，没有明确的路径指引，探索意味浓厚。从某种程度上讲，箭阙峰是阳山的一处秘境。

"野峰"之说，概因箭阙峰并不在景区的开放范围之内，有铁丝网封围。铁丝网之内，是稳妥无误的森林公园；铁丝网之外，是传说，是禁地，是尚不愿示人的深不可测。

因为不可确定的安全吗？也许吧。一些文字记载了山间早年为勘白泥而挖凿的深井，这些模糊而不确凿的未知，刺激并且放大着想象，强化着一知半解的忧惧。孤身翻越这一座僻静的山，难免紧张、慌乱，但这些又恰恰是诱惑难抵。

一座山的开放范围，其实是一个伪命题，山赫然在，并无绝对的封锁。虽是野山头，却也不乏人问津，总有人以冲破桎梏作为一种内心的满足。还有络绎不绝的登山人，从灵白线一路穿山越岭而来，经灵岩、天平，至白马涧，穿过太湖大道，自阳山南坡，沿着山脊，峰高岭低，一径向北。箭阙峰是他们的重要一站，因为这里是阳山之巅，风景独好，东南西北一览无遗，看得见太湖，望得到无锡。

事后回想，箭阙峰的魅力之中，便有一种是"我登此山巅，不知此山高"。

此语出自明代著名诗人高启。通读他的《登阳山》，隐约觉得共鸣，山是一种异境，阳山尤其。高启文字，初读澎湃，再读凛冽，一句句堆叠下来，最后呈上的是敬畏。

浴日亭通往箭阙峰的一条路，越走越隐，几乎就要消失于脚下。不是没有路，只是这条路，走的人少，还不那么明晰着成为一条路。高峰在上，有征服的欲望，却也积聚了越来越多的敬畏。登过一个又一个山头，脚下的土地愈发缩成一座越来越小、越来越孤的岛。

山峰一座座下沉，渺小的登山人却被推向了更近也更辽远的浩渺天宇。山之高昂，大致源于两种感官境界，一种来自视觉，在山下，仰望其高，高不可攀；一种来自感觉，在山巅，身体失重，宇宙洪荒。

踞于这样一个高点，如果不予视角的推进，照片所录，是非常广阔乃至应有尽有，又好像什么都没说明。越往高处，所逾越广，然而因为远，细节越发难以勘查。

但是真的可以看到太湖，还有太湖里的岛。如果没有这两列岛，茫茫太湖与天色，已经相接无疑。或许也是因为厚厚云层之下难以描摹的空气，这天地到底浑然了。

十分好奇近百年前，五月某日，李根源逗留阳山，立于阳山之巅，俯瞰太湖，又是怎样的一片澄色清明？

阳山距离太湖之滨不过数里，茵茵绿草也或者是田畦。高楼亦有，却还不至于遮挡视线。这里应该是通安的地方，彼时应该田畴相错，地广人稀，山湖之间，只道是与世隔绝的桃源。高山是屏障，阔湖则是心灵上的自由之境了。

云层很低，天空很近，这一片稀薄空气，且还留存着

过往气息，成王败寇，一场旧梦。夫差被勾践追杀，困于阳山数月，不知其间是否也有误登峰阙、遥望如镜之湖的慨当以慷时刻。天地之光，山湖之色，皆有寓意暗示，阳山之巅确有睥睨群山、唯我独尊之气概，却也一步步退到了群山之尽的最北一端。

阳山之北已经少有山峦。南望，便是苏州的群山连绵，一列列的横亘，远近有序。

山是陆地之隆起，有优柔妩媚的曲线，每至峰，都有一粒峰间眉心，山之跃，就是大地的奔腾之心。

人世间千年一轮，或也是天地间的匆匆一瞬，两千五百多年前的夫差拥有此山，而今的我们，亦有此山缅古。

三

又很惊喜见到石刻。

在与人迹稍稍远离的山上时间，文字是一种莫大的安慰，文字即人迹，是过往的痕迹，从前客过往匆匆，纵然他们不与你在同一个时空，却也大笔一挥留下与你同往的邀约，这邀约来自茫茫时空，神龙不见首尾，想来确凿，依稀无误。

万壑松涛。上山一径，先有顾元庆题句。顾元庆这个名字，书里见过，就算是个熟人，熟人引了个路，后来者心领神会：此处有松涛。

鲤鱼峰。三个篆字，两尾悠悠鱼。篆字总是象形，"鱼"便似鱼，"峰"也似峰。阳山诸峰各有象形，诸般

摩崖石刻　万壑松涛　　　　　　　　　　摩崖石刻　鲤鱼峰

有趣。

　　公孙圣枉杀抛身处。这是今人题刻，山上一处哀伤的标志。夫差杀了伍子胥之后做了一个坐卧难安的梦，于是召公孙圣前来析梦。公孙圣直言相告，预言吴国将亡。这番话实则说中夫差的直觉与预感，他想听又不敢听，真的听到了，终究还是勃然大怒，当即下令以石锤击杀公孙圣。公孙圣仰天喊冤："忠而获罪，身死无辜。"公孙圣死后被抛尸阳山深处。后来夫差被越兵追杀至阳山，绝境之中忽然想起公孙圣的预言，而今一语成谶，不禁悲从中来，三呼公孙圣，竟然得到亡故人的三次回应。不久之后，夫差被擒。

这故事听得人恻隐心起。今日上上下下这山中，似乎也可隐隐听得山谷中回响的呼号。忽然想到，夫差被困阳山的最后时刻，三呼三应公孙圣，既是幻听，其实也是山中物理学了。

又有另一位熟人出来面授机宜：踞雄。熟人是沈周。

卓彼吴望。此处峰回路转，树荫散去，视野渐开，立于亭中，陡然见到了一个新世界。

石刻有新有旧，还有今人题跋。今人，钦瑞兴也。越往山顶，钦老师手迹越多，在这荒芜又沉寂的时空里，钦老师也是莫大的熟人了。

摩崖石刻 踞雄

四

阳山还有一个旧名，蒸山。山中云气如炊，"蒸"字不知不觉描摹出来一座仙境。

九月十月秋日高旷之时去拜会各座山头，天地荡涤，且清且盈，从山坳中望去的青灰峰峦，是山色，也是树色。当时只觉此季最好，永不可比拟。没想到这一年把山之四季看了个遍，每一个时刻去到，都有不同的赞叹。山，真的是非常神奇的一味自然界。

丁酉年年末的一场大雪，是为十年一遇。雪后初霁，整座城市的静娴之美，好似也有了十年一遇的气概。雪止后又开始第二轮纷纷扬扬的时候，忽然想到要出门看山。

山自兀然，落满雪之后，大约可以统统概之以"雪山"。我的电脑打开便是一座雪山，雪山看久，总觉得那是一种幻境，遥不可及。所以当汽车行驶于每一座山的山下，很有一种置身大片的即视感：魔幻、失真、如梦。因为积雪的缘故，山痕被额外强调，夸大之，变形之。一片天清气朗，随即消弭了万籁。

　　路边偶见卧石覆雪，像什么呢？糖霜？奶盖？雪厚如浓妆，雪薄时便是显影剂，树枝妖娆，山石质感，薄雪最懂衬托它们。所以，雪落无声，却又是最为犀利的一支画笔，无须谄媚，不懂遮盖，遇凸起便落下，完全不懂绕避，最后的远近呈现，全是山之沟壑，石之皴皱。

　　沿藏北路，一径往阳山去，偶有几片规模可观的小树林，小树都被截到一半模样，仿佛白色雪地里横空生长出来，随手一拍都是美景。但是，雪又极其强势，这一刻的天地之间，都是黑白世界。天空铅灰，大地雪白，山黝黝黑，广阔山野之间，任有一点点鲜艳，都会被迅速淹没。

　　一路雪山，最后一站，抵达阳山。因为极端天气，阳山临时被封，不得入内。倒也未必有多懊恼，整座阳山变成雪山横陈在前，已经足够震撼。

　　与其他诸山不同，阳山不是花岗岩石质地，它的山体可算土质绵软，泥层厚覆，积雪便容易附着，且又被不同层次的植物过滤了一遍。

　　白雪无情，大山即刻显形。我们所面对的阳山东坡，纵有空白，其实也已勉力栽了树林，只是那树林还稀疏或䐃腆簇新，奋力抵住的雪盖，在浑浊的空气中，施施然给大山笼上了一层轻烟般的隐形衣裳。

冬日枯树，大多只剩一副好看却也无力张扬的枝枝权权，这毛细血管一般的枝枝权权，聚了众，远远看，也做了一笔茸茸的轮廓，无端端，有意无意，给山形勾出一层迷离的毛边，山山水水就在这无边际的天地之中洇开了墨，化去了边界。

阳山有一处著名的取景叫作"秦余积雪"。特意搜索过取自何处，看到秦余楼之后恍然大悟，整座阳山随处取来，都可入景。晚一点才看到网上的闭园通知，却又被官方放出的阳山雪景馋到。照片大约摄于整个降雪过程中唯一的晴丽歇息，而那一日的旖旎光线，也是雪地里的最佳滤镜了。"秦余积雪"确乎有这样一个完美的角度，晴空下的那一片雪山，俨然披挂一顶雍容皮草，丽日之下，灼人眼目。秦余楼本身，临水照面，顶了雪盖，工整之中更有俨然意味。

又有一帧，是蓝天白云掩映下的双峰交错耸立，那一刻恍然，这莫不是复制了一座富士山姐妹？只是如泡沫一样的雪堆尚未浮起，山下一片梅林的琼枝玉树，已经如一圈白色围脖，松松地堆在山腰地方。蓝天荡漾，白云闪耀，那是雪后初霁某一日的光华。

寺 在 山 上

在

寺

中

一

　　名山多古寺，这是一条定律。又或者说，寂静从心，菩萨各有相信，但是循着寺庙去看风景一定是对的。

　　庞庞然阳山，颇有几座古寺坐镇，又有一些大大小小的山庙分散各处。虽然离城市远，却也独得几分清净。近红尘与近山水，对寺庙来说都是真理。

　　伏日之中的一次际会，印象尤其深刻。大暑日，天气热极，山中无人，庙也安静下来，没有香火，倒是红灯笼高挂。簇新的建筑难免会削弱庙宇本身的存在感，但这种寥寂，也让庙宇有了确凿的空间感。

　　此种空间感，是伏日中的一处遮蔽，抑或是岑寂山林中的一方净土？

那一日天空碧蓝，白云逼真，夏日原形毕露，寺庙安若净土。曾听阳山土著钦老师谈及一些寺庙往事，几十年前，总有远至外跨塘那般地方的虔诚老太，日夜兼程奔赴阳山烧香。我十分不解，一日往返，换作从前，交通又要如何解决？答，坐船。

那是一条不知怎样贯穿起来的水路，内河外河，山遥遥水迢迢，天不亮出发，中午赶到，略事虔诚，便忙不迭原路折返，夜里抵家，一日匆忙，都在路上。

一座大阳山，前前后后也该有二三十座和尚庙和尼姑庵。钦老师讲，自己纵然从小被家里老人带去寺庙烧香，但是对宗教信仰这件事情，迄今仍有敬而远之的一种保留，不过寺庙的安宁与纯净，从此以后便成为一份耳濡目染之后的熟稔与亲切，绵延至今。

钦老师所述，诸多感同身受。中国人对寺庙的亲近感中，有一种确凿来自这种神秘以至静心的氛围。

近世相当一段时间里，文殊寺遭遇破坏又重建，如这个国家大多数佛寺同样的命运。从某个角度来看，它们也非真正的消失，只是遁隐。比如文殊寺，这座千年古寺，曾以"天狗庙"的形容存于民间，一息尚存之中竟有几分绵延也是说不清的，"天狗"毕竟只是一块形似的巨石。

文殊寺的创建年代有两种说法，一说是元代；另一说是晋代，且是在高僧支遁手中。元代说源自岳岱的《阳山志》，晋代说源自清代凌寿祺的《浒墅关志》，两种信史莫衷一是，历史年份差得遥远，并不好说。但在著名的阳山之上，于一段浩渺的时空之中，佛寺起落无常、更迭纷纭，文殊寺的今日样貌与晋、元都无涉，如今的文殊寺是在原址上重建的，而且此番重建，更包含了今人对于文殊寺本尊乃至阳山的理解。

依山而建的佛寺，多得一种可向纵深发展的空间感，文殊寺便是这样一例。文殊古寺，位于阳山海拔三百米处，借长云峰高耸，也有一种幻境想象。其实文殊寺的建筑群自山脚便开始了铺陈，山门、地藏殿、观音殿皆在阳山东麓，然后沿明代古道一路上行，前往文殊殿的一径，长路漫漫，顺便把山也一并爬了。

依附得久，寺即是山，山也即是寺了。

寺庙于山体，最常见是点与面的关系；文殊寺于阳山，一跃成为线与面的关系，且是一条由人迹移动连成的动线，灵活多变，深浅不一。这条路径多少因为一点点沉寂而颇考验耐心，乃至很多人辛苦爬至半山亭短歇，见到风景，便生了退意。

与文殊殿的多次失之交臂，概莫如是。半山亭视角绝佳，东望已可鸟瞰半座姑苏城，再一抬头，但见文殊殿的一角飞檐已经探出蓊蓊郁郁的林木间，半隐半显之间，亦是一座古寺的流年写照了。

此处看到文殊殿，无论直线距离还是垂直距离，都是触手可及的样子，竖起相机，即便用的是标准焦距，文殊殿与半山亭，同框没有问题。

之所以会有这样一个视角，概因一条悬壁的存在。也正因飞踞于这样一点，文殊寺自古便得"悬空寺"的美誉。贴峭壁兀立的寺庙，悬即是玄。不难看出，文殊寺利用地势而建，占地十分有限，动线的设计，自有它的巧妙和道理。

也因此，崖壁上的文殊殿，要建成一座殿阁。殿前负责清扫的老伯半是讳莫半是信口：求知识求学问，求小孩子读书好考试好，是不是都要求到上面供奉的这位文殊菩萨呢？乡下人为小孩子求个好前途，烧香不计成本，倒是

阳山晨

你们城里人，可能不会花这么多钱给小孩子读书烧香的，对吧？

文殊菩萨管用？

哎呀，这个，你叫我怎么说？老伯赶紧打住，继续低头扫地。

文殊殿前便是舍身台。舍身台，字面意，是要往西方世界里去。不管是附会一种要义，还是形容此崖壁的险峻，总有一种悲壮感无从说起。

文殊殿

二

古寺建筑无存，却总算还有一件文物被保存下来，既在山上也在殿旁。文殊岩上的一壁摩崖石刻，到底逃过劫难，依稀归依稀，总算还在。

五处不同年代的石刻，录下了五次访古之旅的历史片层，也是五种不同心迹下的到此一游。大人物赫然名存，王鏊、王铨、都穆、顾元庆、李根源……林林总总诸位，他不识你你已识他，探古访幽一路，总也见到，俨然熟人。

前人访古，后人又访前人的古，印记叠加，各自丰厚。

文殊岩，只道是以摩崖题刻闻名，其实那赫然一壁本身就很有气势，又饱满得仿佛只要一到春天，便能莹润至滴出水来。大石侧倾，岩壁泛了时间的绿意，这一堵，便劈手堆叠了一个空间出来。

"常云峰"题刻所在的这一壁，竟也是阳山上的一座山峰，但此时此地是感觉不到的。后来爬去珠冠峰之后才看到，文殊殿背靠着的，可能是一座被削去了山头的独立一峰，比肩箭阙，还斜耸了一座浴日亭。

有岩便有泉，山水水汽，沿着岩壁滴滴答答，总要有个蓄处。

"文殊泉"三字，圆圆润润，似隶似楷，占岩壁小小一隅的样子，好似文殊泉本尊亲自印下的一枚简章。若不是边上缀了"根源"的名号，看客们怕是真要这么想。

泉水不见得清澈，也是因为冬天，耳朵也循不着泉源何处，倒是留意到了泉边铁索垂矣，挂了几把寥寂的平安锁。挂锁时间，大概看看，都在四五年前了，名字仍簇新，意愿仍清晰。

舍身台前探出身去，看到莽莽山中忽然探出来两块巨大的"白骨"，方向惊人的一致，俨如对偶，或者说，俨如双生老爷。

我们对山，看到巨型又依稀的形状，总忍不住要往神灵方面引申，总有一种莫名的敬畏，或许是因为山的巨型远不在我们的可控之中，所以下意识地，要把我们所认为的神圣，附着在它们身上。

这种白色岩石不像普通山石，却又肖似太湖石。默想一下，会不会就是变硬的高岭土呢？一路细看，便留意到这山上总有这样的石头冷不丁出现，很像是从山体之中涌现的岩浆凝结所致。

后来在王鏊诗中读到"夫差悔悟苦不早，公孙白骨缠荒草"这句，忍不住心惊肉跳，这个地方，倒是与公孙圣被抛身处，一箭之遥。

站在舍身台的位置回望文殊岩，丛丛石林，俨然壁挂，山石颗颗分明，蓦然就理解了"磊"这个汉字的叠造，很有可能就是受了这种岩壁的启发。《楚辞》有云："石磊磊而葛蔓蔓。"磊，石头叠在一起的样貌。山上的石头，其实只是长到了一处，经历时间与风化，慢慢成为雕塑一样的存在。

山石可堪回味，其实也在于它的可想象空间。鬼斧神工更多是一种天意的堆叠，是一次旷日持久的雕琢，有时大刀阔斧，有时精雕细琢，快与慢，多与少，说不定说不准的，都是天意。

也可能是从罅隙中窜出来的植物，重新分割了这些岩石的形状。

下山，寻一碗素面作结。

到了山下，再一次回头仰望，悬空寺也好，舍身台也罢，在这样一座墩墩山上，好像都完全松懈了下来。

三

文殊寺的虚实手法，兰风寺也借用了过去，景福钟楼特意离地建于半山腰中，兰风寺海拔因此高了八十米。从此晨钟暮鼓不只是意象，还成为一个可以衬托的背景，衬园子，衬寺庙，也衬这座原本荒芜的小山。

兰风寺原址并不在鹿山山麓，而是在两公里之距的阳山耙石岭。1926年5月，李根源访古的最后一站便是此地，他所见到的景福庵尚有古塔耸立，古银杏两棵，根深叶茂。

景福庵是旧名。兰风，则是此地一位禅师的名号。兰风禅师本在花山岩翠寺当住持，万历年间，他被邀来已经颓败不堪的景福庵重振佛事，好一番苦心经营，终于扩建寺院，又令香火兴隆起来。兰风圆寂之后，因建了化塔，景福庵便有了兰风塔院的别名。

几度明灭，兰风寺已是易地新建。这一轮与鹿山结缘，也是各自饱经风霜之后的相遇与借应。

　　如苏州西部很多默默无闻的小山一般，鹿山亦有长达半个世纪的开采史，今日兰风寺迎面遇到的两尊"石佛"，便是采石留下的两片残山。不难看出，此间一座难得的花岗岩山体，本已被挖走很大一片，不知怎样的刹车，终于留下一些看起来有欠合理的残骸。薄削两片残山，或者说两尊巨型乱石，似也不似佛像，亦是各入各眼，然而身在佛门，总归也是一桩因缘际会。

　　放生池也由开山采石留下的宕口天然形成，这片水域现在养了一群美丽的鸭子。

兰凤寺石佛

鹿山·兰凤山隐

石佛立寒秋，闻钟景福楼。兰风轻起处，见叶满山留。

兰风寺很懂得如何借景，它甚至建了一座古典园林。本来叫园中园，后来易名缘忠园，现在又叫兰凤山隐。名字换来换去，园子也修也改，时间与人迹一层层覆了上去，站在远处，到底看出了一点意境来。

这座园子可称得上工整。本以为这样的新建总有点难以脱俗，然而，倚了开采了一半的鹿山，以山为屏，这园子也似山水长卷，从上至下一点点铺陈出来了。鹿山半采，然而露出的裸山山体，非但不突兀，且因石质的铿锵，一路密密匝匝倾泻下来，宛如被急冻住的石瀑。

其实石头的皱褶，与水的波光，很有一种异曲同工。

鹿山，没什么起伏，一横到底，也是一座平铺直叙的屏障了。山本身，似乎并无探索的价值，但作为背景，又是于无声处见真佛的。

这山也与西施有关，因为饲养的鹿群是为西施服务的。而我总觉得，鹿山，亦有可能是谐音了一个"禄"字。山上可见一些茸茸的复绿痕迹，又依稀见到山体正以绳索绑持，可见从前伤得不轻。

正在二九天气，无论如何都是凛冬，山间山下皆无人影，园子还有翻新处，池边岸堤已有蜡梅肆意开放。樱花、红梅、腊梅这些花树的好看全在于花骨傲然的时候，全然没有绿叶的干扰，花形又小，洋洋洒洒，欢欢喜喜。

偶遇一道明亮的山涧溪流，浮着黄叶一径奔流而下，潺潺之声于这种冰冻天气，竟也是唯一的生机了。

透过蜡梅树遥望天空，一只鸟巢孤零零攀附于更高一丛树间。

冬日，只见枯枝，枯枝显得这园子寂寥，又格外被楼阁塞满。

然而这园子到底还是借了山的光。本也寻常无奇的一座花岗岩小山，本也无甚可说的一座佛寺，互相借光，双双立体，各自丰饶。

退出园子，前往寺庙。

一个中国人的宗教认知，总是要在寺庙现场点滴积蓄。寺庙里供奉的老爷，名目之多、名称之盛，每每记不住，却都面熟。哼哈二将、四大天王、天龙八部、菩萨观音……

此间兰风寺，占地面积是文殊寺的十倍，因此供奉的菩萨品类稍全，罗汉都有专门一堂。

只是罗汉们簇拥得太挤，多少显得戏谑。

上山石径，铺满了褐红色的枯叶。一墙之隔便是兴建中的公墓，这箭步之遥很有一点醍醐灌顶之意味，由生入死这一路的麻烦问题，仿佛总要交由一种力量，慰藉也好，驱逐也罢，总之是要提携一把，生命才可顺利驳至对岸。

上山，多是为了钟楼。钟楼居于山顶，似乎也源于一个古老的传说，离得天近，发愿也更容易实现一些。鹿山总算不必很辛苦就能爬上来，没几十米，就到了开阔处。

所谓开阔，便是突破了树的遮围，可以俯瞰众生。

大

石

岩

岩

一

　　阳山四面，北面最接地气，因为此地人烟俱足，也因为这里几近无损。阳山如大屏横陈，山之北，面向城郭相反方向，颇有一点与世隔绝的味道。至今，苏州的原生态山村几乎所剩无几，桃源般的树山因此珍贵也因此显影；相比之下，差不多同一经纬的大石山，反倒是有点养在深闺人未识的意思了。

　　树山是一座村庄甚于一座小山，大石山是一座山峰甚于一条山脉。两者一显一隐，却也林林总总落满了一些误会。其实原本并没有一座叫"树"的山，那个小小的山丘只是谐了"树"的音。其实大石山也非横空出世的一座奇山，它本源自巍巍阳山，于地理层面正本清源，大石山即大石峰。

这座大石峰特别之处在于，它很像是造山运动发轫之初，阳山奔涌至北端的急遽止步，大山举全部岩浆之力，在山顶奋力开出了一朵石莲花。因此总可以见到一些危岩峻峰，又一些莫可名状的岩石与崖壁。山如其名，石，且还是大石，在此山间逡巡，总觉得好似置身于一座假山盆景之中。

难怪愁眉不展的叠石大师戈裕良会被带到这里，盘桓半月，最后携了此间的神韵，胸有成竹地回到姑苏城中，徒手叠出了环秀山庄里那座著名的假山。

大石峰的上山路，非常隐秘地藏于云泉寺东隅，细石径一条，左右都有铁丝封围。蜿蜒数米之后，看到一块木牌，上书：杨梅季擅自上山者，概罚款五百大洋。此告示看得一同来的小孩略略心惊，那个意思是，杨梅季要买五百块钱的门票才可以上山？我安抚她，真到了杨梅季，就去找一家农户，买了他家杨梅就能跟着上来了。

往上的一路，见到很多株大型的杨梅树枝繁叶茂，支支铁管，横平竖直全方位架拢。看远一点的山下的杨梅树，很像顶着一根根的银针。

话至此，已经见到"大石山"碑，碑上抬头亦是"吴县文物保护单位"。后来下得山来，细细一想不禁要笑，满山老石碑都被新漆，偏这块历史年代最近的，漆色却又最淡，最具年代感。

石阶上山，起初一段，路很好走。此处回望，云泉寺附属用房，黝黝山墙，兀自山坞中安然。远处的太阳光下亦有银针闪耀，因此明白这一座寺庙的建立，大约也是以牺牲了小一片的杨梅林作为代价。

这一座大石山，村野气息相当浓烈，或许也是因了这一片杨梅林的无心穿插。杨梅林是现世，山上是前世，逆流而上，时间回望。

山之树色，常常于无意中透露着这一山的成色。老绿与新绿，完全不同的滋味浓淡以及气息长短，看深几眼便心领神会。山中岩壁，也大致看得出漫漫岁月带来的滋养、浸润或者剥蚀。人迹一点点作用于生态，也如浮物，最后总是沉淀积蓄于底部，所以一径往山上去，历史逐一倒退，擦身而过的，都是时间。

树山晨

二

走到一处平台，大致就是云泉庵旧址。

云泉寺本名云泉庵。云泉庵是一座云集了诸多明清文人厚爱的素朴古寺，一阕阕诗文聚起的光晕，令其在岁月沉寂中一遍遍泛陈幽光。乃至云泉庵数度沉浮，它的文学意象却还在诗文中伫立久存。

今天的云泉寺从山腰移去了山麓，旧寺的幽朴气韵尚未承及，更多的是一种情怀的落地。不过也万幸这一座新庙并没有落于原址，人们往大石山上去，终于欣慰一切都保持了旧时模样。

云泉庵，纵然称不上名刹，却也是明代苏州西郊的著名寺庙之一。年代确凿，于宋代一位高僧手中开创。彼时，清修之地难寻，高僧云游至此，见了深坞幽谷，便迈不动步。大石山之幽深，尤与阳山其他支脉不同，可遇不可求。这位珍护和尚立意，要与此地结缘，低头瞥见云泉，因此就地取名，这便是云泉庵的草创了。

无论云泉寺抑或云泉庵，这名字在中国诸多寺庙之中十足普通，但凡依山傍水结庵，云涌泉流总是一道风景相伴。云泉，当时正是庵下的一泓清泉，现在也还在细细流淌。阳山七泉，云泉占一。

寺庙旧址，大致确定。这一方平地并不开阔，一座山间庙宇立于此间，恐怕也只得精致感而无庞然。忽然想起在九华山山坞里遇到的一座尼姑庵，庙简近乎麻雀一小只，那种清洁感竟也是叫人难忘的。

庵，后来多指女性修行者的修行场所，溯源起来，庵也即小庙。名称上的浮动，由庵入寺，大致可推断它的从微至著。据说云泉寺最盛时，庙房一度扩至1048间，后来太平天国时期被占被毁，重建过，至抗日战争时期，因寺内僧人保护新四军又被烧毁……中国的佛寺变幻多与时代紧挨，隐遁几十年后的今天，云泉寺又重立，且搬去了山麓重展，成为一座大庙。

明清之际，大石山便是文人们流连与赏玩之地，诗人往返其间，咏山之余，也对云泉庵有诸多吟诵。成化年间的苏州状元吴宽，携友来访大石山，落座云泉之时，兴之所至，三五好友轮番接衔，留下《大石联句》这样一部磅礴长篇。"岩岩者大石，奇观人所诵。遐想十载余，初游四人共。"诗人结伴来，好句滚滚出，四个人联手写下了蔚为壮观的八十二句四十一韵，后来还被僧人题写在庵壁之上。

好诗也成众，大文豪杨循吉见到《大石联句》之后，激动之余亦写下一篇同样恢宏的《咏阳山云泉庵大石奉和诸公同游联句之作》。"伟哉此阳山，有石俟歌诵。形将冰块截，势与莲花共。"意境相切，气韵相接，逐句呼应，一气呵成。作文写诗皆为意趣，图个好玩，和诗本身也很行为艺术。

此番衍生一发不可收拾，杨循吉之后，又有其他诗人陆续加入接龙长队，巨制迭出，已然现象级，《大石联句》于无意间促成了诗坛一次"联句热"。

诗人文豪争相给云泉寺抑或说大石山题句，本身亦是一种接龙，短于传播的年代，诗文便是最恰当的口耳相传。不过说到底，跃然纸上的这座大石山到底也还是小众胜地。明四家之沈周的《游阳山观大石》尤得其中真味："问寺松篁里，芒鞋苦未停。蒸云山似甑，隐石树为屏。鸟啄台中食，僧翻几上经。闲来复闲去，空损石苔青。"画家笔底尤擅状物，寥寥几笔勾得真章，轻盈来去，人人神往的只此一山，也是要在心中留白几处禅意，方能不止鞋履上的印刻。

或许是因为古往今来诗文为云泉寺彰著太多，新的云泉寺专辟一座"大石联社"弘扬诗词楹联文化，也是寺庙文化之中的独树一帜了。

新的云泉寺据说修缮了好些年，踞于大石坞中，远远看到，很有横空出世之感。大，正式，中规中矩，雕梁画栋。寺庙新修，大概也还需要融入些时日。旧资料里读到的古寺，总也难忘那一味的幽朴气韵。

大殿之中自有暗香弥漫，菩萨纷至沓来，背面有一整面各路菩萨的彩色泥塑，袈裟和尚、裸身罗汉、盘腿菩萨、扬手观音……整整一墙的纷呈，也实在是令人赞叹。

三

很快走至摩崖石刻群，猝不及防。路也变得不好走，大石块铺地，石阶也恢复为石块，就地取材，非常硌脚。

在阳山，摩崖石刻比较集中的三处，这是其一。将文字录于岩石是一种古老的记事方式，古老却反而绵延长久，可以托付深信。千百年过去，文明的传播方式一再翻新更替，却也一再往虚妄中去，落不到一个实处。海不会枯，石不会烂，20世纪李根源手书，请人刻下的"大块文章"尚且能恒立大石山间百年；几分钟前如浮光幻影般存去虚拟空间的几个字节，却有可能随时消隐，泡沫得如同从来没有存在过。

"大块文章"与"仙桥"这两处，工整楷字，刻于一块悬空的岩石上。仙桥，通往仙境的桥梁，看得出来这一段天然的石桥神似象鼻。大块文章，大约意指此地风光绝胜，底蕴深厚，可做"大块文章"。

仙桥，或者说象鼻桥，以一个别致的造型，从地坪搭去了并不对称的另一向。"大块文章"徒留四字，文章却一块也没有，自谦谦留白一段，留予后人书写。

山上时间，文字总是一种惊喜相遇，是诠解，是延伸，是暗示；也是叹一口气，感一个慨，落一个注。

大石山·摩崖石刻 仙桥

沿着一条并不确定的细径，走向一道同样不甚确定的岩壁，漫漫绿意之中，石壁上赫然一枚朱红色圆形篆字图章，闪耀眼前。辨认良久，才看出来这紧紧密密交缠在一起的四个字——唯和呈喜，共用了一个"口"字。

一番刻意又不刻意的别出心裁，年份不详。

又有拜石、劈剑两处。大约都有可演绎的故事与感怀，可遥想可附会，倒也不必严于坐实，只当是题写人的兴之所至，各有心领神会处。

石上字迹，总是楷体、隶篆，最衬得出山林之古之朴，行书、草书都显飘逸，多多少少有一点不够郑重，压它不住。此座山中，摩崖石刻的新漆虽然醒目，但还是用了鲜艳却也含蓄的朱红色。

巉石丛立间，看到并不簇新的石柱，因此明白这山的沟沟壑壑之中，总能辟出一条登顶之路。蓦然觉得，自己仿若置身于一座假山盆景之中，于山石间的逡巡，与一只跌跌撞撞的蚂蚁，并没有区别。

山之绿意，也来自满地青苔。说满地也许并不合适，更恰当的说法，应是无缝不入。青苔点点，自是因为踩覆尚不够密集，乃至于从石上满溢出来，也是常有。

这种绿意满溢真正显现山之苍葱，不乏古旧，却也颇有一点无可奈何之意味。

抬头，竟有一块"夕照岩"。

非常喜欢这块岩壁上这三个字。浑然饱满，气韵充沛、朱色好看、醒目，又有金的光芒与贵重，也确乎是在迎照得到夕阳的地方。

并且此刻，也真的是在一个迎着夕照的时间。

在诗意的时刻遇到一块自带诠解的碑石，感动难言。

起初山上都是石头，而后泥土覆盖。泥土养人，亦养山养木，然后纤细的树会沿着光的路径，细细密密地蹿至顾秀俊逸、已经山我难分的那一株。

山有光。山之光，最好看，枝枝杈杈的分离与交错，只当是天光的过滤了，有时会在林子里见到光束的路径，灼人眼目。这山，是几亿年前的存在；这光，其实也是很多年前的出发以至今天的抵达了。连绵不断的出发，连绵不断的抵达，这种稳定的秩序或许会带来很大的误解。我们以为一切都是恒定、自然、顺理成章，然而一切顺理成章的背后，也是坚定、有序的跬步以至。

阳山四岩：文殊、虎头、滴水、夕照。后面这两壁，都在大石山。

阳山兀自在。时有我找它，时有它找我。

滴水岩另有三个名字：水帘、瀑布、珍珠帘，一个胜过一个形象。志书中的描摹尤其好看：形如喷雪跳珠，声犹淙淙琴筑。寥寥几个字，音形俱在了。清代诗人沈德潜曾经撰诗《寻滴水岩》细述某次大石山之旅，可算是为滴水岩留存具象的代表作。

"空岩拥归云，探幽屡迷误。山径落叶深，披寻得前路。"滴水岩，藏于幽深之处，诗人屡入迷途，最后也是循一道落满厚厚叶毯（想必也是乏人问津）的山径，方才踏入正途。"隔林响淙潺，境转寒泉遇。阴崖山骨穿，虚窦水脉露。"自滴水岩这一壁，已经可以管中窥豹摸及这一座大石山当时的山水资源，可说是山骨凛凛不断、水脉丰富不绝。"群沫下涓滴，岁久石疑蠹。中藏不息机，讵并奔流注。"一个"沫"字，画面全有，意境全出。"澄潭无纤埃，观心静浮虑。"古时候的读书人，状物同时也爱明志，这一句大致就是，此处无尘感，也实在是过滤心境。到"神骨自凄寒，清境难久住"这一句，已难免升腾起一种黯然与自哀。"行逢晚樵还，共踏苍茫去。"最后一句，近景推远，人影如豆，山水迢遥去。

沈德潜以诗论闻世，诗作亦丰亦传世，但其为朝廷履职的小半生，其实大多诗句趋于功用，读来也蛮无味的。不过到底还是留下了一批连同这首《寻滴水岩》在内的行旅题材诗作，依然清新可诵。

滴水岩在大石山之东，可惜已于近世毁于开山采石。喷雪跳珠之形，淙淙琴筑之声，也只能定格于古人撰述之中，留予今人无限想象。

四

写远了，回到大石山本身。

下一段的石径，石栏之间只以铁索相牵，看得凛冽无比。铁索兀自垂下一半，不挡风水，如若失足，深不可测。

见到一种果树，果实形似橄榄，椭圆细小，青色如羞。

说话间已到了见湖峰。至此，大略知道此次登山几近到顶，因这里竟是一个很大的开阔地了。面北，所瞧见的北部的山丘，以手机定位之，大略知道便是鸡笼山了。

鸡笼山中有洞穴可通往林屋洞的传说，令人神往，心里也明白不过是有此一说罢了，但因有此一说，总还有一点莫可名状的期待。

有说是，鸡笼山上有一个洞穴，洞口很奇怪地出现在山顶，洞中还有石级，石级盘旋而下，一直延伸到很远的地方。延至何处，引人无端猜想，所以有人特意冒险走过一遭，一直走到蜡烛熄灭才算是个完。然而洞中时间，竟然听得头顶上有过风吹涛声以及摇船橹声，所以十分自然地推测，可能已经走到了湖边，又或者洞穴与洞穴之间有奇异的联通，出口已经是几十公里之外的太湖西山岛上的林屋洞？

此处洞穴传闻源于岳岱笔下，不过细读原文："上闻风涛舟橹声，太湖林屋之通穴欤？"作者语气，想象与推测口吻，自带有下笔至此的一番顺水推舟。文章之中，即便如志书这一类体裁，因是个人撰述，也难免会有一种虚虚实实互相掩映的成色。

鸡笼山

苏州的鸡笼山其实有两座，天平后山亦有。其实鸡笼、米堆这种山名，循着象形，其实也堪随意，哪座山，看着不是类似象形的隆起呢？

有款云亭一座，楹联曰：云雾长萦山居浮动处；阴晴时易湖望有无间。道是能望湖，实则隐约无。

底下一排屋舍，约是戈家坞。有父女两个盘腿踞于大石之上，唤人拍照。我一边赞叹小孩子果然会挑地方，一边忖度这大石亦会挑选地方，用来盘腿读书，实在再好不过。

古人矫情起来，今人只剩自叹不如，道是以读书为名，最后全是坐风景之实。如此居高临下，层层叠叠的田野与生活勘探不尽，圣贤书，可还读得进？

此地也是个停留处，纵是傍晚，将将天黑，去意已逼人。

遇到从另一路下来的人，又忍不住要问，那山顶，没什么吧？

后来想想，这问题也蛮难回答了。每个人心里，当是一座全然不同的山顶。所幸人家看出天黑之余的不可能，半如实半安慰，那山顶，也没什么了。又补缀一句，呃，路也不大好走。

事后颇懊恼，这山头的一径通往，说不定就是上一次千辛万苦以至的珠冠峰了。

虽说两处山高颇有落差。

下山，明白此处不高，难度有限，却也挑剔，择了另一道似乎少一些石阶的缓坡。

却也因为择了这一路，终究还是遇到了这一峰最著名的石刻——仙砰。

细想之，这一座大石山上的相遇，好像都有点劈头而来、猝不及防的意思。砰，是象声词，一块陨石坠落在地。这一方大石，不似天外飞仙，倒似是个着陆地。

下山途中还有一处岩壁，名曰"巀屃"。滴水岩毁，阳山四岩缺一，有人便顺水推舟，将这一壁增补其中，也算一处补缀了。

大石山·摩崖石刻 仙砰

终于走到整齐的细径，终于下到山腰，读到一屏颇具诗意的大石山介绍，环秀山庄的原型说，屏上详详细细列述了一番。

山水在亲临之前，都是模糊并且相似的，也说不出个所以然，如一团迷雾。这些由字句构筑起来的山山水水，似是这一山，也似那一山。以及，所有的传说，起初听闻，都可以当成是一种善意的附会。这种附会在很多时候并不奏效，乃至常常张冠李戴。有时候不禁会想，这些故事是不是多余并且累赘呢？后来真的去了，所见非虚，所闻逐一坐实，才明白若是结识了一个地方，恐怕也是想多知道一点它的底蕴。

多一点，再多一点。

到了山下，且还记挂着先前余光瞥到的一家食铺。那家紧贴云泉寺铺陈的小木屋，售卖素馄饨与素面，也售糖糕。素馄饨是第一次听说，馄饨馅里因缺少蛋白质，多少影响内容物的团结一致，然而抿在口中，蔬食的洁净到底也是口舌之欲的某种向往了。

馄饨上来的时候，天色已暗，其实也没有别的客人了。问过店家何时打烊，却也不置可否。晨昏交割，总有寂寥，因着天气还不凉，却已经不热，这一碗最终由几个人分吃了的素馄饨，与这逐渐暗沉下去的天色背景之下，乌沉沉的一座大山山麓，一间且还闪闪发亮的小铺子，总还是暖的。

菖

蒲

与

泉

夏天快要过去的时候，戴小姐答应带我去认识菖蒲泉。

从前绕行阳山山麓，也途经过一块写有"菖蒲茶庄"的路牌，不知是商是旅，自行绕过，原来是错失。

菖蒲，山间仙逸之物，移作泉名，是往昔，也是后人附会。钦老师讲，因为挖矿开山，其实菖蒲泉老早就枯竭了。但是呢，阳山停采复绿之后，地下水又活泛起来，差不多的地方，泉水又从一眼眼开始，变得欢畅起来。钦老师自己，每天都喝菖蒲泉水，一柄热水壶经年，水垢都是没有的。

我们听得激动起来，那么，我们也可以去尝一下，菖蒲泉水？

尽管去，不收门票，也还没几个人知道。

莫说是我了，就算浒关土著，大概也不会为了喝一点山泉，每日劳苦来此取水吧？钦老师的这份大度里头，不无地主般的优越。

戴小姐熟悉此地，一开始却也将阳山草堂误作了菖蒲茶庄。高温卷土重来，这一日非常热又非常晒，三个女人结伴同行，汗涔涔，又晒黑一层。

绕回去，寻去菖蒲泉的正确路径。

一条亦算得上不短的诗廊，本来大概会觉得累赘，但是在一个烈日当空的夏日，这条迂回的廊道实在是非常实用，又或者下雨大风天，竟是诺亚方舟般的存在了。

诗廊尽头，过了茶庄，仍然径直向上，听得潺潺水声，知是泉水源头。转幅，山石堆叠处，水幕一层层倾泻下来，当是人造，却也自有石循水流之美。于静雅山间，倒也是雷雷之声了。

再往上，至路径尽头，终于见到最初的水源，亦是涓涓袅袅。某块巨大的山石之中，递出一支细细的半截竹筒，泉水不急不缓地流淌着，我们正好手里有空矿泉水瓶子，于是随意接续了一瓶，迫不及待灌入口中。或许也是为了验证钦老师的倾慕。

小张赞叹：好甜哪！我则迟滞，与甘甜相关的味蕾，

菖蒲

一并失联，但见矿泉水瓶壁迅速起了一层水汽，与井水相同原理的冷冽齐发，到底还是神清气爽，舒服人心的。

细流积蓄为一池，以高度作为势能，自上而下，便有了倾泻的动力。流水一径，山石林立，流到下游，又蓄了一潭。画幅的尽头，是近处的屋舍，亦是远处的山影。

菖蒲泉刚复原时，只是细缓的一支水流，现在终于有点汩汩的意思了。

这菖蒲生长在涧水沙石之中，也是山中的丰产之物。菖蒲是草木，也是药产，这名字听着，已然芳香可闻。菖蒲还有几个别名：昌阳、尧韭、兰荪，听起来互相无关，却都是气味浓厚的植物名字。明末清初，苏州名中医吴羲坤访问阳山菖蒲泉后，特写诗一首留存："曳杖来寻隐士家，泉香不减白龙茶。一泓寒碧深山里，谁种菖蒲绕岸花。"吴大夫要寻的隐士，约莫着，也便是这一泓细泉了。

回去之后，对阳山泉水的枯竭之说，有一点不能释怀。泉，是地下水的天然露头，有时来自雨雪寄存，有时来自岩缝挤压，山中热气遇到冰冷的岩壁，也会发生物理反应形成水滴，由小至大，汇成清泉。泉水丰寡，与山中温差、湿度都有关系，郁郁葱葱之山，空气含水量高，山泉自然丰沛。

想起岳岱曾在书里写过，阳山某处山顶石壁之下有一口井，直接在石上挖凿而成，即使遭遇大旱亦不会枯竭，而且那井水清洌甘甜，无其他处比得上。岳岱每经过此，都会畅饮。

这口井写的是哪一处并不重要，古人撰述，总有一些不可考，无处寻，然而描摹大概，风貌依稀，我们也便心领神会了，那是阳山山中一段泉土适宜、草木秀美的山水时刻。

岳岱在《阳山志》中，详列条目细述了山中诸多物产，如草木、药材等，一一读来，令人眼馋不已。

毛竹。灵芝。马蹄草。长生草。凤尾。黄萱。珊瑚树。金鹊花。漆树。映山红。冬青树。

这些归入草木类。

人参。菖蒲。薯蓣。山栀。野菊。麦门冬。赤箭。金罂子。鸟不踏草。半夏。金银藤。瞿麦。山查。草龙胆。牛膝。紫花地丁。白垩。

这些是药材。

中国的草木便是如此，只把这些名字录写一遍，就会觉得都是好东西，引人无端遐想。

灵芝，功效神乎其神，灵丹妙药一样的存在，产灵芝的山，俨然都是仙山。

珊瑚树，咦，原来除了海底，山中也会生出珊瑚来。

薯蓣，比它的另一个名字"山药"多得一点食欲。

赤箭，无端端想了想，可是一支百发百中的神秘药剂？其实就是天麻了。

金罂子，实在是比它的另一个名字——刺梨，有余味得多。

那一串开着小黄花的，为什么要叫鸟不踏草？其实只是因为刺多又脆软，飞鸟不能栖息。

一位在阳山脚下长大的美丽女子回忆起自己的童年，竟有很多上山采药的截面与片段。妈妈身体不好，她便由阿姨带着，屡屡上山，识之采之。春游也去阳山，带着粢饭团就行了，水太沉，也无须携带，渴了就俯下身子，掬一捧山涧水来喝。那水，很甜。很多年过去了，她还记得阳山南坡上有大片杜鹃，十分迷人。山上风景全忘，却还记得当日自杜鹃花丛中滑了一跤的心甘情愿，千辛万苦地从万千红花中，找出一朵白的来。

阳山一部分开了矿，开矿的地方有深潭，水是绿的，墨绿墨绿，就像巨大的一块宝石。那潭水很深吧？她想了想，应该是，你想，采矿总要进入很深的地下，深不可测。因为水深，所以才绿得这么深沉吗？她又想了想，也可能是因为矿物质的缘故吧？

村上有一位邻居去做了矿工，有时会带一些白泥回来，她也会去讨一点，用白泥涂白球鞋，特别遮丑。

这种白泥，不就是岳岱在书里写到的白垩吗？也就是出自山北深坑之中的白石脂了，从前还没有白球鞋的时候，当地人用它抹墙，又把它作为土产，供奉朝廷。

山中又有笋、茶、蕨、蕈与青饭这样的可吃之物。

"蕈"字今日用得少，概由菌、菇代替。其实倒是"蕈"字更为象形，一柄窄伞，撑罩住一枚内容丰厚的菌。蕈只在山中，大概是因为草木的油脂流入土中，蕈得以不同寻常的润泽，因此肥厚多汁，也鲜也美。山里人慧眼明目，懂得给惊蛰前后的取名"雷惊蕈"，白颜色又有斑点的取名"溪鹅蕈"；依了颜色取名的还有"青紫蕈""朱血蕈"；依了形貌取名的则有"夫觚蕈"，那是小而结实的一型；还有依了口味取名的"糖蕈"；又有一味长在枫树上的"笑蕈"，吃了让人笑不停，须吃上一把泥浆才能叫停，也不知该信不该信了……此番别致多姿，今天的我们看了，只能目瞪口呆，自叹弗如。

犹记文殊寺山门外的一碗素面，碗中堆叠，也是这山中的一桩精华了。

素面通常不大好吃，这是我为数不多的经验之一。重重菜油压上来，一碗罗汉面吃得烟火气十足，却也滋味全无。如果在佛门脚下只能吃一碗清心寡欲的面，那么宁可不吃。

文殊寺山门外的那间小小慧面馆，看着并不像是一家撩人的面馆，只供两种面，倒也简洁：广慧面、智慧面。两种面有何不同？负责发放面筹的老太答得言简意赅：一种浇头，或者三种浇头。

后厨里颇有几位妇人在忙，上面很快，没几分钟便端予我。吃过几箸，喝一口汤，顷刻懂得了这碗面的不敷衍。香菇、木耳、素鸡、雪菜，浇头清简普通，功夫下在汤里，淡酱色高汤只见清澈，无荤腥之味重，却有中药交叠之丰厚。

慧面之中自有的人生真理就是，一日三餐可繁可简，而一碗面里，几乎什么都有了。

山中菜蔬，总以这样那样的清淡口感，叫人念念不忘。

青饭，今日一联想，便是乌米饭了。"青"字亦有黑色之意，但用这个字，更得一种清丽口感的联想。青饭乍看乌黑一团，其实刚刚做出来的乌米饭并无那样的腌臜感。刚刚蒸煮出来的乌米饭，米粒晶莹透亮，清香弥漫，更是一种说不出是青还是紫的颜色。

苏州西郊山野之中，青饭树并不难寻，难得的是那一番取汁渍米的功夫。所以，无论是从前的青饭，还是今日的乌饭，做了即刻送予人吃，也是此种饭食至为独特的一种分享精神了。

岳岱所录山物，起初看着陌生，查勘一番，今日再见如常，再一琢磨，倒也还是从前那些名目斯文别致，多得几分从容、雅致、描摹入骨。

山养百物，百物亦反哺了山。海纳百川，山又何尝不是？山之百川，更细至微，有时无形，有时遁了形，但凡是山，又总要有生生不息之水脉，才可慢慢滋养出这一山的颜色与生机。

也正因为这山很有一种波澜壮阔的形貌，又在蜿蜒折转之中，不知不觉多得了几种更丰富的自然之境。

初见菖蒲泉后不久，某日得闲，又有如献宝般，带了朋友去重访。雨后不久，泉水不见得清澈，朋友非常注意饮水卫生，因此并无勇气畅饮，但想了想，还是接续了一瓶，打算带回去，煮了再尝。

少时并未少喝山涧泉水的人，后来还是对山山水水，失了一点点信心。

明

镜

漾

云

一

很多年前的一天，无意中走到龙池跟前的时候，它还是一个叫作"胜天"的水库。小山隆隆，古色苍苍，池水凝滞，寂静无籁，好一块深邃的碧玉，又俨如被世界遗忘的角落。

当时还没有可以定位的智能手机，城市化进程刚刚起步，城市西郊漫游起来，总有这样的人迹罕至之地，不期而遇。不知姓甚名谁，直至后来它被纳入规划，成为一个著名景点，从前的偶遇才有可能成为一种恍然大悟。

路径常常决定了奇异的归属感。比如当时从枫桥地界误入的水库，便丝毫无察，其实与它更贴近的山岭，或是天平。再比如，花山与天池的殊途同归，每到莲花峰峰顶，左右互望，还是觉得颇难统一为同一山：东向已是都市丛林，西向还是平畴田野。两个不同的世界自不待言，劈头下山，永远都是原路折返。

　　确切说来，白马涧与天平、天池、花山、寒山、支硎诸山，都有依恋关系，这一圈颇好看的花岗岩山地，山势所向，山间有着千万条细泉奔涌，齐齐交汇于此。

白马涧

涧，即小溪，山间流水的沟壑。

白马涧之由来，那就说来话长了。有说这里曾是吴王的养马场，越王勾践被俘之后便囚于此，替吴王夫差做了十年马夫。

越国兵败，要不要杀勾践？夫差一念之差，选择不杀。都说勾践是以银两打点了吴国太宰伯嚭，夫差耳软，又见了倾国倾城的西施，更是无可避免地掉入对方设计的美人陷阱。用今天的话讲，夫差未免耿直了一些，不比勾践的心机深重。所以伯嚭谗言，他信；勾践讨饶，他也信；西施献媚，他还信。

王有王之骄横，王亦有王之大度，所以夫差选择相信。

同样为王，勾践的内心就要深沉隐晦一些。他选择卧薪尝胆，也愿意为夫差养马。在白马涧的那些年，他放下王的架子，走的是群众路线，放归越国前夕还设宴款待村民，有感于此，当地人将那座山岭更名为"谢宴岭"。不过重新为王的勾践，显然不愿再提这桩旧事，他听闻"谢宴岭"之后极为不快，直至范蠡随口诌出一个"谢越岭"来打圆场，此番不悦才算平息。

历史上的家国恩怨，放到具体情境中来，总堪回味。长廊下，旅游团队已然多了起来，年轻的导游们，张口即来两千多年前的吴越风云、勾践夫差，信手拈来如同昨日往事。

二

通往龙池的一路，于高高低低的石桥上上下下，西施的故事听了一箩筐，莞尔之，胸闷之。

今日小孩子的玩耍之地，靠背处，建了一座高高的楼台，名为"心远楼"，旧名"养心楼"。楼里有《养心图》铺陈故事又引经据典，此楼正是吴越争霸时期美女西施养病的地方。夫差宠溺西施，却从头至尾不知美人心计。西施为送不出密报而发愁，心病折转为心痛病，夫差命人在此建楼。西施登高转换心情，果然有效，又安排了可靠的自己人以采撷山中良药为名，得了吴王的一匹骏马与通行许可，终有一日，怀揣绘有吴都城防图的密报，绝尘而去。

简直就是一出春秋版《色戒》。

打败吴国之后，勾践有感西施之功，将"养心楼"改名"心远楼"。然而勾践只是感动罢了，吴国败亡之后，西施一并作为战败国遗物，绑石沉江。沉鱼落雁的美人也曾舍身救国，无奈最终仍是春秋烽烟背后的一件祭品。

有人说，西施太美，于人于己，尤物总是烦扰。所以西施有功，西施也有罪，功过各半，战火停歇之后不能做回寻常女子，也就索性传奇到底了。

也有人说西施其实另有男朋友，就是范蠡。真如此，就是一个听起来更阴谋的故事了。

善良人编排了另一种结局：夫差自刎，西施随去。问世间情为何物，简直就是千古之谜。大约总有后人难以释怀夫差的痴情之殇，于是在大局已定的历史传奇中，额外为这位吴王排布了一个小小的回转。

历史中的男欢女爱，比当事人心境还难拿捏，愈久远，愈可能被浓妆。春秋战国，可谓中国人的漫长童年期，总也天真，总也无忌，总可以原谅。

心远楼，无论是夫差为西施所建，还是后人赠予西施，择地竟是真的群山之中。心远楼四向都是山，虽是低山浅岭，却也青翠俱在，夏末秋初，幽深绿意仍绵长。

一个风景绝佳之地，尤其可以用来看山、追古，全景逡巡之，也可以是长卷。山影敦敦，每一座看来看去，都如卧兽，里里外外皆是镇守。惜乎夫差，美人与江山，最后双双失守。

心远楼下，开了一间西施小栈，脸色晦暗的中年妇人守着一摊劣质玩具与零食，问甚答甚。廊檐木桌上趴着一个昏昏欲睡的年轻人，中年西施也宽厚，任他去睡。

伊人远去，山水仍有回响。

白马洞 自心远楼望群山

三

晋代高僧支遁曾在这里饮马，则是另一个时空的叠加了，一袭高远的禅影，一剪飘逸的马形。有人蹙眉，此非道人所宜。支遁答，贫道爱其神骏。后来他干脆自号"白马道人"，完全无忌世人眼光。

支遁和尚，士林之中最为活跃的僧人，于他的时代，亦是名流，其言行被载《世说新语》，形貌则被录入唐人画中。所以支遁爱马，是有画为证的，一帧《神骏图》，再一帧《支遁爱马图》，爱马至万古流芳，也是一种清丽不俗了。

古来寺庙多选山明水秀之地，高僧云游寄居，亦有同样的审美诉求。苏州是支遁和尚颇为悠长的修行之地，他起初在阳山，再至支硎山，辗转花山，后来又去穹窿山住了一段时日，履痕所覆，不一定声名显赫，但都是悠然南山。

白马涧，群山奔流汇合之地，各个山头都有一点峥嵘在此的意思。

都是花岗岩。同伴指给我看。

若说山以石为骨，那么这一圈山头，简直就是铁骨铮铮了。

花岗岩石的好看，在于它的浑然与分明，一整块石，气派也，整洁也；落刀刻了字，雄浑也，天工也。

彼时秋分节气，绿意尚且蒸腾，山之嶙峋也会因此漫漶一些，我常常想，恐怕这也是山之遁术一种。几个月后草木萎顿之时又去了一次，山山石石崭露棱角，果然是一座天然的奇石博物馆。

秋光与冬景大大不同。秋日高旷，天光莹碧，树色即山色，每一座青山都可熠熠，即便是在乌沉沉的云层之下，阴暗暗的山岭之上，依然会氤氲出一环淡橘色的霞光。冬日则敦厚，天光变软，草木枯黄褐红，深去老去又层层褪尽，山脉也即清癯起来。

有人发现，原来此地就是苏州明清山水画的母本，山水如画，画描山水。这一派别的山水画中，山总枯瘦，棱角分明。以成分论，花岗岩自有一种刚烈而不容冒犯的气质，很不江南。

管它江南不江南，著名如天平山的"万笏朝天"，也是同款。

天平山、天池山、支硎山、花山，这一脉的花岗岩，大约成型于阳山、穹窿山这一系列高岭的石英岩之后。花岗岩好看，却也因此令山蒙难。那些著名的山头还好些，因为早早做了景区，终究被保护起来。可惜的是那些小山，山本无名，山石出众，这样的出众便很危险。好在，山还没有采完，山水文章已经谋局开篇，世纪之交又有禁止开山的法规颁布，轰轰烈烈的采石事业戛然而止。那些被挖去半座的山体保持现场状态，令人惊愕叹息，不过总算，纵然被剜去一点或者一块，基座还在。

遭此厄运的也不全是籍籍无名的小山呵，它们只是没有那么昭著罢了。

白马涧景区门口亦有一片山水，经年过去，依然空旷浩渺。仅仅这里就可以做个景区了。心里每回都这样感慨，但还是急急切切往里面奔。

很多年前这里不过是农村旷野，遍布农舍、田地，如今也没见工厂横陈，高厦矗起。

沿着木栅道一径深去，踩着烂塘泥，走向一个安安静静的池塘。池塘翡翠深绿，大约是开山所致的宕口，却也与龙池一色，奇也不奇？同伴猜测，那一定是池深，所以绿得这样透彻。我不置可否，深邃的水域也见蔚蓝、乌黑或者浑黄。

遥遥瞥见垂钓者。在一个看起来快要下雨的傍晚，眼前场景，令人遥想到十余年前我第一次抵达龙池时所见。一碧静籁，如入无人之境。

寻

6

隐

者

不

遇

寒山 秋光圣洁

一

　　读《寒山志》的时候一直在想，如果赵宧光笔下能再松弛一点就好了。又无端端地想起赵隐士留存于世的画像来，那已是一尊精精瘦瘦的老者图，脸褶深处，无尽意味来。

　　《寒山志》收于《吴中小志丛刊》，四五千字，言精简，意丰满，密不透风的文字丛林之中，事无巨细录下了寒山营建始末。《寒山志》是偶然间得来的，寒山也是在白马涧里偶遇到的。但要认识寒山，有寒山本身也就够了。寒山难道不就是赵宧光的一部终极之作吗？

　　寒山本来也是不存在的。赵宧光，北宋王室后裔，孝顺使然，奉了父亲大人的遗言，为其卜葬谢家青山，又在此地买山庐墓。他买下的山头并非独立一座，而是支硎山的某一面山坡。此地方圆二百亩，赵宧光为其命名寒山，此后便一直深居山中。

寒山本也是一座僧寮的名字，又借了山中寒泉的意蕴。这山名，清冽又孤寂，似乎不用隐姓埋名，就能永远沉寂下去。

买山之后，赵宧光于山中狂走，起初无以下手，后来请风水先生看过之后安置幽宅，很快投入对寒山的改造与营筑。于三四年间，凿石、疏泉、栽植木林，在一个荆榛瓦砾之地，堆叠出一座山水园林，最后又有一片蔚为壮观的摩崖石刻群留存世间。

千尺雪。云中庐。弹冠室。惊鸿渡。绿云楼。飞鱼峡。驰烟驿。

这些名字只听过一轮，心中便已神往起来。虽然那些已经去过寒山的人不禁要犹疑起来，那只是一座很小的山呵。

赵宧光夫妇的山居生活令人艳羡，他们不只男耕女织、晴耕雨读，且还著书立说、叠石理水，携手改造共同的精神家园。赵宧光居住寒山那些年著作颇丰，他有一位著名的读者叫爱新觉罗·弘历。这位传播力卓越的超级粉丝曾在《四库全书》里读到赵宧光的《说文长笺》《六书长笺》等书，不禁心向往之，很想会一会这位才子，因此按图索骥找到《寒山志》，不想自此手不释卷、念念不忘，于是有了六度十二回合的实地造访。

初读这段，大脑中的历史片层还来不及贯通，略惊讶，赵宧光何等能耐，一次次款待龙上？痴想了一会儿才回过神来，不禁要替赵宧光松一口气，人家乾隆皇帝，访的也是古了。

烟笼古寺无人到，树倚深堂有月来。

在白马涧劈头遇见这一联，清高宗便昂首登了场。

沿一段御道，走向的是闭门谢客的寒山草堂。草堂新翻，外墙上挂着写有"内部整修"的牌子，走过的清洁工透露，此地大概从未对外开放过。

草堂埋首山林，石径井然，绿树掩映，背面是非常田园式的风光，山崖下、沟渠边，无人清理，水草蔓蔓，却也是一幅天然好景。

这里是寒山吗？问山，山不语，久久静默。

若说赵宦光是隐士，寒山便是一座隐山。在很长一段时间里，大家对寒山到底在哪里的问题，语焉不详。其实也不是语焉不详，山山水水，若非身临其境，这些地名与描述之堆叠，只是密码与密码之排列组合罢了。况且，隐与显总是相对而言，无缘相识的时候便是彻头彻尾的隐，一经蓄起掘地三尺的想法，于你而言已经是显。

潜意识里总觉得寒山不太好寻，尽管草堂在前，还是忍不住怀疑再怀疑，寒山究竟是哪一座呢？在微信里问一位熟知苏州山地的朋友，当他发来另一个方向的时候，十分不情愿相信。

却也不着急立刻找到寒山真身。秋光圣洁时分，山中日月长，每一个瞬间都是高光时刻。一径深处去，前途未知，乃至宽窄，却也常常会因此走到柳暗花明处，路穷尽，山赫然。访山，须自信有各种各样的好运气以及意想不到，每每抱着"那就走走看""就算走错好像也没什么"的坦荡，屡屡都能走至甚觉不可思议、有得落定的地方。

以为山穷水尽，又遇洗心泉。"洗心"二字来自佛教，高僧苍雪曾有一首诗作《洗心泉》：池浅不盈尺，毛发尽可鉴。寄语入山人，洗心莫洗面。

洗心泉，泉源在天平山北麓，这是一个近乎原始密林的地方，"泉很细，却很急，因为深藏于密林，因此水流声显得格外清亮"。在景区的木牌上读到这样的文字，眼目也格外清亮。

山色有无中，空寂之中听得秋蝉，听得水潺，不觉心动。在杳杳无踪的过程中，忽然就明白了，因他的隐，尤见得我们迫切得到的显。若他昭昭，我们则恐怕要避之不及了。

用今天的话讲，这恐怕也是一种引力波。赵宧光，字凡夫，自有一点大隐隐于野的意境。文人清高，其实也非倨傲，有时只是一种非喜勿扰，有时也是一种敝帚自珍。

寒山当然还要去。寒山就在蓦然回首处，只是我们还不认识它罢了。

寒山

二

那一个礼拜，心心念念间，全是寒山。

七天后再度造访，山中已经多了一层桂香的渲染，这季节，这山林，真是细腻到无话可说。

在偶入的寒山文化研究院里，向一个迎面而来的女子打探，到底有没有寒山呢？在地图软件里搜不到。这位丁姓女子笑答，你只要搜寒山岭就有了。

日日坐镇此间，丁女士明察秋毫，一眼即知，有人为佛缘而来，有人奔赵宧光而来。

好一个赵宧光！寒山本是荒山，他叠山理水，几百年过去，屋宅尽毁，山石俱在，且还引得后世之好事者，络绎不绝地慕名来瞻。

那么白马涧里头的寒山草堂，可是建在原址上？

丁女士永远微笑颔首，原址正是此地。

法螺寺？

正是。

法螺寺收每人五块钱的香火钱，但见人来人往，香火炽盛。我们从观音山路进来，一路顺畅，经过一片桑树林，车道急转而上，不由分说爬坡向上，直通寺前。

若非此番香火，这路也不一定会有吧？这句话藏在心里，没有问出口。

这法螺寺原为法螺庵，赵宧光结庵庐此间，从地理方位上看，这里与天平山北麓接壤。立定寺前，看到南向山石被铁丝网封围，那该是一座有头有脸、不容随意翻越的山了。

丁女士热情邀我们去她张罗的展示馆参观，我们与她的客人一起转了一圈，却发现所谓的展示馆更像是一间资料馆，难免意兴阑珊。丁女士道，这个季节，你们要去山里也不见得能找到那些石刻，怎么也要等天冷之后，百草枯竭，石刻才会露出真容。

彼时心中依然疑惑寒山真实所在，但话题不知不觉落向了赵宧光遗踪。丁女士告诉我们，其实从这里一径过去，至花山，都是赵宧光的石头。

忽然茅塞顿开，难怪在花山看那些摩崖石刻，总觉得那种幽古意境并没有完。

法螺寺后面依附的小园子，于这种桂花蒸天气之中，露出优雅真身。苏州全城皆桂，寺庙亦如此。

转身读到一块御碑之上，大粉丝弘历的赞语：

泉出寒山寒，秀分支砌支。昔游曾未到，名则常闻之。
烟峦欣始遇，林壑诚幽奇。应接乃不暇，而尽澄神思。
庭前古翰梅，春华三两支。孰谓宧光往，斯人如在斯。

好一个"斯人如在斯"！看得出来，这位皇帝竟是赵宧光的大知己了，读他懂他，寻他访他，假装他还在。对古人的心向往之，最为终极的致敬，也无非这一番"斯人如在斯"了。

乾隆御碑，摩崖石刻也。不过数百年，碑石已有漫漶，时间面前童叟无欺，御笔也徒然。

寒山在，宧光犹在；宧光不在，寒山依然，更是宧光之载。这位皇帝反反复复地来，是为寒山，或为宧光，竟也难拿捏。

说起来，乾隆身体力行，天南地北公务又私访，算是为文化传播做了很多事情；但是赵宦光天生的隐士底色，寒山之名的天然凛凛，都决定了他终究只是少数人的昭。

皇帝自有他致敬偶像的方式。比如他把寒山中著名的"千尺雪"，在自己的皇家园林中仿造了一座。仿造不止一次，因为不满意，也因为实在太喜欢，于是一而再再而三地仿造。

但是真的非常可惜，锦心绣口的原件，而今也只剩下了名字与遗址。倒是皇帝的仿品，荫了大树，得了千古。

柴扉一扇，我们迈去外面。寺墙之外，颇得一方田园风光，石块铺了一道不知通往哪里的径，左右皆细密陇齐的绿叶菜，也爬了架子，种豆结荚。

退回寺内。法螺寺新修，还在修，脚手架横陈。宝殿、观音殿，皆需要大笔善款，信徒齐心，似乎也不怕无以为继。寺中多见难以移除的大石，亦是坚硬而不肯磨灭的山体。亭台飞檐，也便拿这些山石做了基石，浑然天成。

穿过碑廊，踽踽前行，至这山的东坡。连通山上山下的运输铁轨，一程程斜下山去。以为它专为运送僧人日常所需上山，后来问了才知，原来也是为工程所需的卷扬机。

面东，高楼铺垫的红尘滚滚之中，一座卧狮，任他俗尘几番扬尘，我自巍然。

殿前竟也遍植金桂。佛门净土，何以惹尘香？低头一想便也懂了，世间美好，都要呈予偶像，这便是了。不过花期如梦，桂香已经炽烈过一程，委顿的簇丛，留下缕缕残败的气息，来年再续，这也便是了。

　　观音殿藏于平台腹中，殿台之上，是十人高的菩萨，昂然而立俯瞰群山，是雄踞，也是寂寞了。

　　观音殿殿台之上，是绝好的赏景之地。面西，滚滚绿涛，漫过寺庙山墙，漫过嶙峋石丛，奔腾去往目之所及的遥遥无尽山影。

法螺寺 观音

法螺寺向西，亦有曲折细径一路蜿蜒向山。碎石铺路，可见其随意，也非正式，然而灌木丛中兀自辟出道来，又是指向无误。将晴未晴，朗朗天空，只觉得这是在往仙境里步步而去。

前路总有年轻的小伙三五成群走出，忍不住问一问，通往何方？答曰，白马涧景区，不过十分钟步程。话至此，一条砖石路径自动展现足下，十分神奇，路也顺势而下，眼见是下山。

密林之中逡巡，有青草萋萋的味道，风的味道，秋天渐渐深去的味道。

再去寒山草堂，途经一片海桐林。

木樨蒸腾天气，微热薄汗，秋蝉力竭，令人惆怅。潺潺泉响，又从树叶间听见雨声淙淙，心中明镜之，这座亘古前的山崖，且管它是不是寒山呢，它不得我们身而为人的自由，却得身而为山的永恒，从前赵宦光千百次从这山崖前经过自是无疑了。

小雨歇，奇谲天气，天色蓝茵茵，一朵好生嫩嫩的云，云生山水中，山水亦是云。

三

在寒山岭，丁女士确凿告知了赵宦光的踪迹，是从支硎山一径往花山里走的。

花山幽深，与它北面的天池，面目相似，气质不同。花山、天池之隔，令人感慨原来一座山也是有阴阳的。从前不同的行政区划尚且有地界上的区分，以山为脊，山左山右，可是老死不相往来？

花山与天池，文人素来更爱前一座，大约是因其幽深。天池山古意深重，然而一切明朗，不像花山，看起来有很多不确定性。

上山径，大致平缓，是最后要上莲花峰前才忽然冒出陡急的五十三参。后来想，所幸因了这一径的平缓，山上

花山摩崖石刻 菩萨面

花山摩崖石刻 云屏

花山摩崖石刻 山种

花山摩崖石刻 吞石

落下的憨圆滚石，得以从容停滞。

不禁又要想一想赵宧光。他既然都从寒山一径去了花山，那么天池，他亦是常客了。

花山之摩崖石刻不必细寻，显列山径，一目了然。

山种，隔凡，吞石，坠宿，渴龟，花山鸟道，凌风栈，布袋石，皆大欢喜，落帽，卧狮，夜叉石，菩萨面，跳蛙，三转坡，百步濡溇，地雷泉，盘坨，仙人座，且坐坐，石床，古人居，水石佳处，铁壁关，透关者经过，云屏，等等，总计三百多处。

山种。颇难言传，意会之，百山之祖，是也不是？坠宿。是天上掉下来的文曲星吗？凌风栈。凭空引发一段传奇之想。布袋石。哦，有个和尚打从这里经过。落帽。是已经看呆掉了吗？百步潺湲。这个是在下山的时候看到的，此时溪流回响山间，很细很细的山泉，于幽密山间，一下子就放大了。于是很小很小的步子，于山间，亦是很辗转的步回了。且坐坐。于一处奇谲的角度，无法立定，只能坐下。水石佳处。不用说了，每一处，都是佳处。透关者经过。每一个醒悟过或不曾醒悟过的人，都从这里经过了。云屏。每每看成是一个问号的地方。

以上词语，听起来都心无挂碍，天然野趣，无从说起，但这几个字一勾画，便什么都对了。

与多年前已经有很大的不同，摩崖石刻皆有不同程度的浓描，过于昭昭，其实也蛮无趣，访山之趣也在偶遇，漫漶的石刻，自是一道风雅谜面。

花山不高，华山翠岩寺，也是半山腰了。毁掉的大殿终究还是不予补缀，空留苍莽石柱，无声胜有声。

寿星石的遇见，颇有意外，虽然也算旧识了。关于山石形貌，一直觉得附会的成分比较多，也是各看各入眼。神似的意趣，多过形如的认真。此寿星石的真，完全与众星拱月无关，于某个侧面看到的哀伤眼角，仿佛随时都能滴落下来一掬泪水。

鬼斧神工这种词都差强人意了，所谓艺术，有时人作，有时天成。

一路向上，巨石莽莽，细数过去，都是佛偈。山林幽暗，一位白衣男子交缠了身体捧着脑袋坐定树间石上，倒是几分醒目又有禅意。再一细看，此人却是紧盯着手机。

慢慢走向支公洞，大块石头愈多，又各自堆叠，本也没觉得特别，直到看到一对父女立在洞口给人拍照，这才发现原来他们站在了蕊芯位置。我的好奇心被点燃，自花尾绕进洞中，原来自有天地，小则小，仅仅容下一张供桌，供奉俨然，此处原是支遁参禅地。

支公洞，石头上刻的字，却是"陈公"。

支公无疑。取一个"陈"字，标注籍贯，河南陈留。

出家人自与尘世中人大大不同，餐风露宿，地为床，天当被，山石亦是禅。

山中树木多纤细，细细密密，一径颀长。参差石阶，道是行路难。

五十三参，至此方才明白原委：临时知道皇帝要来，山僧当晚紧急于一块完整的倾石之上，凿出一道阶梯来。僧侣共有五十三名，每人凿出一阶。

贴壁攀爬的艰辛，令我明白传说也可能是真的。

很快天色亮呈，明白山顶已近。此番上山，带着很多比较的心情与视角，所以立于山巅，感官上的痛快，要略略让位于理性上的反复观瞻。

从两块莲花石罅隙之中西望，平畴之中仍有农屋俨然，远远近近，聚族而居，扬手洒落皆随意，也皆岸然。

东望，就会有很多层次，有高厦兀立，也有非常平板的一块块呆立。城市西进，至此为界。

于莲花峰西望，每每恍然，一山之两壁，起初怎么也无法联系起来原是一座，区域之界只是一方面，花山与天池，山石俱圆，气质每每不同，仿佛从来就没有打通过。

在山顶认真回望一眼，阳山。阳山原来如此毗邻，差不多，扑面而来。

在花山山顶眺望阳山

寻找

吴

王

大真山

一

起意去苏州博物馆看真山墓葬出土文物时，已是初冬。朋友说，一共也没几件物什可看，但他还是口头细描了一番路线。争伯春秋，果然不在常去的路径之内，常设展厅，小小一间，隐秘于一个很容易被忽略的转角。

观者疏疏，少有拍照。展品寥寥，呼之欲出。

一套完整又可说是巨大的玉殓葬饰件，似乎怎么也纳不进正常焦段的相机取景框。由玉面饰、珠襦、玉甲等物拼凑而成的人脸人形，虚拟了一位静躺棺椁的墓主。对方知名不具，我们对面不识，隔着玻璃棺久视，细想一下，还真有点不敬。虽然每在博物馆观瞻出土文物，都有这样十分冒昧的目光交叠。

数千年前，它们的由来初衷，只为在暗黑的地下世界久伴墓主，并没有大白天下的打算。数千年后，它们被掘醒又越至人间，呈于颜色、温度皆有控制的灯光下，一次次引起观者的暗暗赞叹。

玉殓葬是个冷僻词，若说金缕玉衣的前身，大概就能心领神会一些。汉代皇帝与贵族的殓衣常以金线玉片缕结，更早一些，便以珠襦、玉甲，还有玉面饰、玉阳具饰这样的组合呈现，从头部到根部，一件不落。

数枚玉面勾出一具夸张脸形。红玛瑙管与绿松石珠松松串了几道，是一件形似短袄的珠襦。玉甲逐片横陈是为遮盖下体，暗绿、灰蓝、赭红、珠黄，浅浅雕刻兽纹抑或几何纹，经年仍有异彩，兀自默默流光。

寥寥几行文字交代了这件藏品的来路，年代：春秋，坐标：真山。

真山东周墓葬。说明无误，却也含糊。博物馆展陈，信息量再丰隆，注脚也只挑最确凿的几点交代。文物沉睡多年，自含千古之谜，历劫被盗、被炸、被掘、被考，观点纷纭，真相唯一，也许总有大白天下之日，但在今天，人们且还谨慎，推断了再推断，也只能说，大约如是。

如此一座煌煌墓葬，使用者非帝即后。

这件非凡的盔甲，主人自是一位吴王。虽然指向寿梦，却还少一点确凿的证据。

苏州曾为吴国国都，但在真山墓葬之前，从未有过吴王墓的发掘。前后七任吴王，身后或杳杳，或有志书记载了墓的方位，但从来都没有考古佐证。

当年泰伯一心要把周天子王位让贤给更有才能的弟弟的儿子，这才携手仲雍奔赴了当时的荆蛮吴地。他们远离中原，耕耘荒地，而后开枝散叶，累世发展，又有了大邦之梦。始称吴王的，便是这位寿梦，他是吴侯仲雍的十九世孙，在位二十五年。

然而也是命里注定，这一支天子血脉总在礼贤与篡夺之中交割王权，自寿梦开始的七任吴王，有兄长礼让，亦有兄弟抢夺。

起初寿梦有意传位四子季札，季札不从，便由长兄诸樊继位。但是诸樊谨遵父嘱，要将王位传给四弟，所以有意绕过自己的儿子光，心心念念，要沿着兄终弟及的次序将王位传递下去，此后两任吴王馀祭、馀昧，分别为寿梦二子、三子。然而馀昧死后，四弟季札依然避而不见，馀昧之子僚，顺水推舟继位称王。这一番僭越，引起了诸樊之子光的强烈不满。

后来的故事便耳熟能详了，寿梦的长房长孙公子光，通过伍子胥结识了刺客专诸，专诸苦学厨艺，藏剑鱼腹，借献宴之机，近距离刺杀吴王僚，助力公子光兵变。公子光逆袭夺权，是为了不起的吴王阖闾。

后人著述，各有不同演绎，但是哪一段历史更迭不曾经历腥风血雨、刀光剑影？这间展厅有一个贴切的名字——争伯春秋。另一隅，尚有两柄剑隔空相望，一柄铜，一柄青铜，剑锋锐利，凛凛含光，精致但令人绝望，扑面而来的肃杀气息穿越千年，依然叫人不寒而栗。

每在博物馆遇见兵刃，都会想起波兰女诗人辛波斯卡的感慨："这里有几把剑——愤怒哪里去了？"

阖闾与其子夫差，大约是最负盛名的两位吴王了，却都落得十分悲壮的身后。阖闾战死于越国兵刃之下。夫差起初也励精图治，报了国恨家仇，但是勉力做了二十三年吴王之后，还是难抵意志涣散，成为越王勾践的手下败将，逃至阳山，伏剑而亡。

不多几位吴王，听来听去，总有几分悲剧色彩。所以，在这样一件震世之宝面前，除了感慨物比人长久，似乎也无甚可说。

这一套玉殓葬，簇新，完整。簇新是应该的，毕竟这是一件深埋地下的墓葬。完整则难讲。考古人员着手挖掘时，便察觉到古墓曾经被盗，尸首无存，这件本该覆盖于墓主人身体上的玉殓葬，其实已经玉落珠散了一地。不过，考古人员后来又在棺椁内发现了玉匣之中未被盗走的另一件完整珠襦，且认为是墓主生前用物。

十墓九盗，这是考古工作的日常面对，但是盗取尸首以及青铜器，留下珠宝，却也指向了这是一起意在政治报复的"官盗"事件。

墙上文字略略几行，述及此墓出于大真山山顶，出土遗物万余件。又有一帧考古现场旧照：山顶掘走的正方形土方，徒留下一个空荡荡的棺形缺口。20世纪90年代的某个冬阳之下的考古现场，遍洒尘埃落定之光。

展陈并无几样，一鳞半爪的随葬，一如我们对这位吴王的所知。

二

关于此处墓葬发现，无论文献还是当时报章，都有几段颇为浓墨重彩的描述：想入非非的采矿工人，反应敏锐的博物馆副馆长，火速行动的报社记者……当时的轰动全城，隔了二三十年再读，依旧热气腾腾。

真山距离苏州市区二十公里路途，太湖大道转中环西线，至尽头，沪霍线，高架上便看到了真山一大一小两座青笼。右手边是一红一绿两座加油站，左手边则是一个摊铺开来的石材市场。

下了沪霍线，一度以为界入了邻城，然而这里只是通安。312国道车流汹涌，交响日日不息……国道边沿，一块并
不醒目的石碑紧缩墙根，乃至要仔细寻一番才可遇见，上面的字迹已经褪色：真山吴楚贵族墓葬群。

吴楚贵族们的魂灵，怕是要被车水马龙扰得寝食难安了。

真山也曾做了采石场，却也因为炸山采矿，震出了五十七座墓葬来，惊了全国。

那年初冬某日，真山采石场几个工人偷偷揣了从工地上挖出的一件青铜器，一大清早，颠颠奔去苏州博物馆，得了五十块钱酬金，惴惴离开。没想到，两个小时之后，警车便开到了采石场。追缴文物的行动即刻开始，大部分散失的文物很快都有了着落。第二天，苏州博物馆考古部的工作人员就从另一个遗址工地撤离，来到真山筹备发掘工作。至第三天，抢救性的发掘已经正式开始。

然而这是一次旷日持久的挖掘。真山大小两座，最先被炸的古墓位于小真山山顶。挖掘工作进行不久，考古人员便已了然在胸，遥遥相对的大真山实则更有希望。现场条件艰苦，至大真山山顶的大墓揭开神秘面纱，距离真山考古工作开启，已经过去了一年半载。

百余片玉饰出土，墓门外一箱天然贝和玉贝出土，玉戈、玉弓形器出土，漆盒内的珠襦出土……接连不断的发现，激动人心的一个又一个推断，终于如滚雪球一般成为轰动全城乃至全国的大事件，报纸长篇累牍报道。面对如此众多且精美的出土玉器，考古队不禁长吁了一口气，苏州西部山区终于有吴国墓葬出土了，并且还首次出现了吴国货币。

考古有时形同探案，理想的考古当然是，所有的物证都能通过最合理的逻辑与推断，指向最终的真相。然而考古工作从来都受制于现实条件，当时当地，有时只能到此为止，或等条件成熟，或等技术进步，进一步的挖掘与探究才有可能。

考古还有一个巨大的障碍，就是盗墓常有。如真山大墓一样，待发现时已被盗走重要墓葬的，在阳山一带，还有宝山古墓与鸡笼山古墓。

宝山，也就是阳抱山，位于阳山西侧，是一座海拔仅仅二三十米的小山。考古工作者早于20世纪80年代初期，便在这里发现过规模不小的古文化遗址。至世纪之交，某个春日，在测量苏州绕城高速公路路址的时候，又意外发现这里疑似有一座古墓。并且根据山顶封土以及形态，推断出这是一座规模比较大的墓葬。

半年后，考古队开始在阳抱山进行挖掘。虽然墓中棺椁已经不知所踪，但是墓室与墓道里被弃的几件器皿还是给考古专家留下了线索。一把青铜凿，一只黑皮陶汲水罐，一个泥质陶杯，这几样物件都有着比较明显的越国形制，于是大致推断出盗墓者来自越国，以及古墓的盗挖时间应在建墓后不久。

虽然没有随葬品的充分佐证，但从墓室现场规模，又结合了吴国王室墓葬规格分析，这处墓葬的主人，也极有可能是春秋末期的某一位吴王。

最近一次的挖掘与发现则是鸡笼山古墓。苏州有两座鸡笼山，位于阳山以北的这座鸡笼山，又有颇具气势的曾用名，"憩龙"或者"启龙"，本世纪的一次抢救性挖掘，断定了这座小山的石室土墩亦为春秋贵族墓葬。历代多次的盗挖，导致了随葬文物的散佚，也不能够为古墓谜底提供更多的线索，但是考古专家认为，这座古墓的墓主，身份大概不低于真山大墓墓主。

　　这几处发现了春秋大墓的小山，都在通安。通安此地，形同它的名字，平凡低调，抬头不见，低头不识。或许也正因此，这里才会成为吴国一处重要的王陵区，静默千年，将如此巨大的秘密怀揣至今。

三

这一阵密集看考古资料，发现考古专家也擅在字里行间斟酌再三，大胆揣测之际，亦有各种回旋的余地。真山、阳抱山与鸡笼山这三处墓葬，都有考古专家或者相关撰述语焉不详地指出，说不定就是吴王的憩归地。更有意思的是，种种关于吴王墓的猜想，都会将夫差照顾性地考虑进去。

阖闾墓，几乎确定在虎丘剑池之下。

阖闾授意专诸手刃的前一任吴王僚，也比较确凿地被认为葬于狮子山。

作为吴国最后一任君王，夫差的归宿至今没有定论，这种悬而未决，也为众说纷纭留下了充分的想象空间。

史书记载，吴王夫差与越王勾践最终一役后，夫差逃遁阳山，被擒后又被越王赐剑，十日之后自尽，最终结局只有区区六字，"越人累土卑犹"。然而"卑犹"是一个已经湮没的古地名，阳山绵延十里不止，卑犹何在，至今没有确凿说法。山亘古而来，山名却屡有更迭，方志有载，亦有不载，难免留下空白，又有各种以讹传讹。卑犹，道光年间的方志载，卑犹就是徐侯山。但是徐侯山又是哪一座呢？

　　李根源于20世纪20年代有过一次专门的寻访，并在《吴郡西山访古记》中记载了那一次探访的详情，"登徐侯山，寻夫差墓，无所得"。那一回，他先登了甑山（到了今天已叫真山），再往瓦山（到了今天又叫华山），然后渡了运河至白豸山（今天也改了名字叫白石山），然后从白豸山回渡运河，到达华山的龙兴禅寺，沿山麓南行，登了徐侯山顶。李根源曾向乡民打听"卑犹"山名，无人知悉，于是他根据方志上的记载方位，自己推断出，华山的南四峰便是徐侯山了。虽然推断如此，但李根源也犹豫不决，都已过去两千多年，这个地方既无前人碑识，又无乡里传闻，仅依据方志上的记载，是不是未免武断了一些？

　　李根源空手而返，但他推断徐侯山是华山的一部分。华山近真山，又有考古专家撰文认为，真山大墓所葬的吴王，不是寿梦而是夫差。其凭据是墓中出土的玉甲牌片，上面的浅浮雕纹饰，应该是春秋晚期的流行。

　　又有人根据《读史方舆》的记载，推断徐侯山在阳山的西北十里。阳山西北十里，有严山与平王山两座小山。

严山出土过数量巨大的玉器，但那批玉器只是某位吴王逃遁时匆忙埋下的窖藏，不是墓葬。

至今，夫差墓仍有猜想，即便大家都觉得夫差既为亡国之君，得到厚葬的可能性几乎为零，然而在阳山一带，吴国王陵区每有新的考古成果，心软如我们又忍不住要往夫差身上靠一靠，仿佛有责任为他找到那一角散佚的拼图。

长久以来，夫差于我们的形象并不陌生，附会在他身上的扁平形象十分顽固，比如好大喜功、听信谗言、暴怒无常，又比如沦陷于西施的美人计并因此亡国。在很多写给小孩子看的中国历史故事中，又总有一个永远作为反面形象出现的"吴王"，专门用来指摘夫差。

夫差在位二十三年，差点成为春秋五霸之一。今天的吴地人性情温厚，很难想象自己的先祖竟也曾骁勇善战、热爱扩张。吴国当时，还以制作兵器著称，并且有干将、莫邪这样的铸剑名匠。夫差墓至今杳杳，但夫差剑倒是流世了一二三四五六七八九柄。说来也是，夫差剑的发现地，遍布湖北、河南、山东、安徽等省，偏偏多不在苏州乃至吴地。夫差剑现今亦大多收藏在外省市的博物馆或私人机构。这也从一个侧面说明了夫差的战域之广，夫差也不尽是一个沉湎享乐的诸侯王。

丁酉年夏，苏州博物馆举办了一次规模甚大的青铜器展，名曰"大邦之梦"，吴、越、楚各占一席，如会盟，又如兵戈相见。夫差剑与勾践剑的联袂呈现，颇有锋芒再现的铿锵之感，又有几分"相视一笑泯恩仇"的无尽意味。刀剑冰冷，旧物有温，借古物回溯春秋战国，峥嵘历史，感慨复感慨，当年吴国梦断越国，越国梦断楚国，楚国最终亦归于秦的一统天下。战争的残酷，早已被消融在分久必合的历史规律之中。

战火已逝，青冢回归岑寂。国道沿线，两座被掘去了墓葬的大小真山，仿佛被剜去了巨瘤的器官，又或是娩下了婴孩的子宫，静默，松弛。

小真山，海拔不过三十米的小小山头，一口气也就登了顶。

且在那个叫作"真山亭"的地方站住，好家伙，阳山赫然在前，亦有一种兵临城下之危之凛之肃。

狮
子
山
下

狮山缆车

一

　　山一概是旧的，它们统统来自几万年前的地壳运动，但是于我们这样的城西土著，狮山又是有着确凿年纪的。感觉上，它总是比更西郊的群山年轻一些又摩登一些，虽然那只是因为二十年前的一次翻新。

　　是幸运还是不幸，现在竟也说不清了。这一座狮山于20世纪90年代被新建乐园重重激活，又在这二十年间深锁乐园，时光被强调亦被截留，山顶草木，铁索石栏，皆有非常清晰的年轮默默留痕。我们曾在山后的深林会所参加过同事的草坪婚宴，汽车蜿蜒进入，屏息来到新新世界。现在知道此处于不太久远之前也是农耕之地，苏州乐园的横空出世，令这个叫作狮山村的小地方一下子得以靠山吃山。

狮山就这样成了一座乐园的高地，或者说，地标。缆车贯通山上山下，山上空间因此成为了乐园的一部分，与欢乐相较更显从容的一部分。

乐园巧借了这座小山，令欢乐世界亦有了丰富的层次。我们这一代人对苏州乐园从熟悉到生疏，后来再次熟悉，才渐渐察觉到这里更有回甘的存在，便是这座新旧滋味斑驳杂陈的狮山了。

也总记得坐着缆车徐徐滑向狮山山顶的某些悠远片段。缆车到后来已经破旧，原本光面的玻璃都渐渐成了磨砂，往下看去，已经没有什么了不起的震撼景色，反而对面的香格里拉，正在成为这片区域的全新坐标。

短促的滑翔，十分钟便到了终点，亦或者更短。缆车悠悠越过湖面，越过山坡，徐徐拉展的苏城还不能够称为熠熠生辉，但是这个角度的苏城依然熟稔，并且总有新鲜。

缆车终点在狮尾，虽也是山顶，却并非这座山的最高点，要沿着一条山脊即狮背，缓缓走向最高点也即狮头。

再是寻常普通的一座小山，也是一座谜之世界。小山清朗，左右皆可看，虽然左右都已被红尘包围。一边红尘深深无尽，另一边红尘自顾西漫。在蜿蜒折转之中，不知不觉多得了几种更丰富的自然之境。

二

苏州诸山，总觉得狮山最具象形意义，前后都是红
尘，一具孤伶的狮座，永恒在自己的时空。人们肖形一座
山，总爱一一寻找对应，狮山更是荣幸到，山前的索山、
铃山都被划归为它耍玩的两个绣球。但其实什么都不用
看，只那一具卧体的扭头一望，已是淋漓尽致王者之姿。

狮山本身，也是花岗岩山体，岩石裸露，筋骨全现。
"巉"字如何理解，看一眼狮山就完全懂了。古人写诗攒
句描摹狮山，尽挑"突兀""峥嵘""嶙峋""狰狞"这
一类的字眼，更有一句"石肤剥尽存真骨，云顶单栖绝四
邻"直奔它的雄奇与独孤。后来干脆将它想象成一头活
狮，震若吼声发，嘘嘘欲出窟。

狮山么，是要回头望虎丘的，虎视眈眈，永不和解。

后人好心，在两座小山之间安排了一座何山，谐音"和"。关于何山，苏州人大体都有这一层的揣度与理解，但是再多了解一点内幕，便也明悉和解并无可能。

狮山、虎丘各葬了一位吴王，是堂兄弟，也是前后任的关系，但却一个弑了另一个，二人有不共戴天之仇。前一任僚，他的王位，在公子光看来，多少有点窃取之意，但是呢，争王争霸，争的就是你死我活，所以在当时的年代，被迫到了时局现场，必是一种非如此不可。吴王僚被公子光刺杀之后葬身狮山，公子光继位成为吴王阖闾，但因励精图治拼得了吴国的强盛，后世倒也无话可说：人家改写历史没错，可说不定就是一次历史性的拨乱反正。后来吴越之战，阖闾成为勾践的手下败将，死后被葬在虎丘，由他儿子夫差再行复仇大计，又是另外的戏码。

就狮山到虎丘，这六公里短途，永不甘心。今时今日攀爬狮山，至顶，仍有这样一句：狮子回头望虎丘。所有游人都不能免俗地扭过头去，然而东北方向早已高楼林立，视当日天气，虎丘若隐若现。

再以后恐怕已经回头望不到虎丘了，山上一个大大的"吼"字，为狮山强作一个别别扭扭的内心写照。

现今狮山地区高楼林立，狮子埋首水泥丛林，多多少少也有点威风不再的意思。但若呈上百多年前的发黄旧照，依然可见城中热闹市肆的背后，这一座雄狮的不怒而威。虽然讲讲么，山也不高，海拔不过百米出头，横陈半里路，跟稍远一些的阳山，完全不在一个重量级。

三

　　狮子头上，曾有一座思益寺。思益，取意"思之必宜"，名字读着拗口，发音张不全嘴，倒是也聚积过香火，更有名人加持，发迹故事铺缀上去，总添神秘色彩。

　　申时行，明朝嘉靖年间的苏州状元，万历年间的朝廷重臣，苏州人对他耳熟能详，大多要拜长篇弹词《玉蜻蜓》所赐。说书先生对其身世的过度演绎，十分抓取人心，虽然后来澄清了这事与之无关，但吃瓜群众不依不饶，一门心思吃牢状元，"庵堂认母"这种匪夷所思的身世又皆大欢喜的戏码，一定要安在大人物身上。

　　用现在的话讲，申状元大约也是一个自带流量的人物，所以他未得功名前的读书之地思益寺也被挖掘出来。

莫说古人矫情，当年寺庙，果真是人世之外的清净地，若要求得一个心无旁骛，山上与寺中，都是不二之选。两耳不闻窗外事，一心只读圣贤书。说到底，古今皆难，肉身与精神，总有一个须在逃遁俗世的路上奔跑。当年狮山上的思益寺便是读书人申时行的秘境了，如今古寺无存，倒有一方状元读书台横陈山脊一线，算是为申状元的苦读生涯做了注解。

不过真要往这石台里一坐，未免也有点，不好意思了。

白居易也绕不过。当年他在苏州担任刺史，闲暇之时，也会去到山中与寺僧聊叙。诗人落座，总要留诗，虽不是什么著名的篇章，但信手拈来，只道是寻常了。"行逢禅客多相问，坐倚渔舟一自思。"大诗人笔底举重若轻，寥寥数字，叙事抒怀一并带过，似是什么都没说，却是什么都交代了一番。文人与僧人，煮茗共谈禅，其中机趣，有那么几首诗作留世，足以管中窥豹。

四

倏忽之间，狮山也成了低山，与高楼比肩起来，也是很随和的。它倒是也愿意成为一座优优柔柔的青山，不狰狞，不嶙峋，与整饬感强烈的高楼，休戚与共。

倒是不寂寞的小山。缆车送来一波又一波的游人，又有非常通达的山径一路逶迤而上。回头就能见到近在咫尺的何山，半里路，真的只是箭步之遥。这样看去，何山并不低垂，或者反过来讲，狮山也果真是不在话下的那一山。

两山之间的铺陈，亦是簇新楼宇了。

山脊一线，整齐石径有之，驳杂石条有之，在好走与不好走之间。山顶有浑然大石，有摩崖石刻。但见是新的字，新的漆，红红绿绿，非常热情澎湃的样子，又觉生疏，喜欢不起来。

一程程聚积来的游客，终于令狮头也局促起来，很难拍一张照片了，无论拍人还是拍景。但还是要写几笔西望：深秋露浓，也或许是霾，山影绰约得再含糊一下便也要消失不见了。辨析远远近近山形，一一在目。

头顶有无人机盘旋，此时已是苏州乐园即将落幕的前奏。

折换下山路径，遇到一块"坠星岩"，吴昌硕书。岩，即高峻的山崖，或者大石头。再遇到密密麻麻的野蚊，忍不住停驻，原来是在往密林中去。

自山的深处走出，没有期待，却也无比轻松。一径清幽，恋恋不舍，最是下坡。愈往山下，听得愈来愈近之欢笑与尖叫，一浪浪地翻滚上来。

二十年相依相伴的苏州乐园即将落幕，择址新开。以乐园在苏州积蓄下的影响力，告别亦是隆重的抒情事件，勾留数月的最后一游在很多人的朋友圈中持续发酵，集体性的怀旧总是有着更加难以抗拒的感染力。念旧的人们纷至沓来，经久不散。

难以想象这其实已经是一座形象与设备都嫌老旧的游乐园了，如果只是一次悄无声息的告别，说不定会被更快地遗忘。最后的游客们饱受排队之苦，却也只是跟着惰性，在最喧闹的俗世中排队又徘徊。

秋日深去，秋阳深邃，山安然，人也慢慢蜕去盛夏之燥，安静下来。乐园的工作人员普遍年纪轻轻，每一轮的游戏结束，他们皆训练有素地补缀一句：欢乐时光总是短暂。本是再也寻常不过的一句话，却没来由地听出伤感来，人世间每一程的快乐，大约都是一期一会，此生不再。

　　欢乐时光总是短暂，如是每一趟欢乐之旅，如是苏州乐园踞于狮山下的二十年匆匆光阴。

　　苏州乐园将退至更深邃的阳山山中。二十年前已被激活过一次的狮山，自此于红尘中孤立，且又要慢慢在滚滚人流车流之中，活回自己。

自狮山看苏州乐园

何

山

山丘

一

如无意外，有一些山应该永远不会出现在LP或者任何一部名胜导览上面，何山便是这样一座。海拔63米，城市之丘。山是山，然而不显；水是水，然而不露。从前埋没于城西一众山脉之中，后来城市不断东扩西延，农田可变，青山依然，高厦矗起，市声愈隆，何山也便一点点融进了城市生活。

何山好找，又不好找。在高新区，"何山"两字是一种显性存在。这里有以"何山"命名的路道，有以"何山"命名的居住地，很多人起初从市区搬来，尚不识何山，却已经与"何山"朝夕相处，抬眼可见。

山本来寂静，却因为城市一步步扩至脚下，最终也融入了市景。但是进得山中密林，又很感慨这一山的岿然不

变。有人说，何山这是大隐于市。细细思索，也不完全是，何山无动，是因为虽然与城市相邻，总也相安，并没有互相改造。

何山绿植葱茏。此种葱茏经年，不是新栽，也非新秀。二三十年前勾勒铺陈的石阶走道，通往的是一座幽暗深邃的密林。山林诚实，以树勾勒年轮，确凿无欺。外面的世界每年以新楼新高迭变，何山淡然，永远的海拔63米，甘当城市背景。

颇不起眼的何山现今已退缩为一座公园，公园之姿，可亲可近。何山公园近年又与新区公园合并，一个从此告别有山无水，一个从此告别有水无山。那"水"是当年砖厂挖土烧砖留下的，而今活了一座山，一座园。

二

何山，古时候叫鹤阜山，因有南朝太子辞官来此隐居，隐士名何求，因此得名"何山"。何求有个弟弟何点，后也来此山与兄同隐，死后同葬此山。

且慢，狮山，不也有一个古名"鹤阜山"？两山同为火山岩质地，相距又近，会不会从前就是同一山？不过，两山虽近，气质全然不同，一座狰狞嶙峋，一座山温水软。"鹤"与"何"倒是谐音，且整座何山随处可见鹤的意象，来鹤亭、细鹤池、望鹤亭、鹿鹤亭、放鹤亭、聚鹤亭……仙鹤，自然是没有的，但何山上到处都是这样的名字，仙鹤早已自动进入了游山人的想象之中。

何山西南麓的缓坡上，曾被发现有一座东周墓葬，青铜器与铜器各有若干。据推断，墓主人是一位军人，且还是吴国破楚的功臣。

　　细究起来，何山的相关人士，其实还有吴王之子季札。季札，就是前文提过的寿梦第四个儿子，父兄都要将王位传予他的那位。季札几度逃避王位，不肯遵循"兄终弟及"的继位顺序，也因此得到吴地人的敬重。何山脚下原有一座土地庙，庙里塑像便是季札。

何山聚鹤亭

三

何山有一圈环山路，可迈步可车游，常有人在这半山间刷步，似游客也似城市短居客。很多人就是这样，对这座小山全无期待，然而走着走着，随着山径，郁郁树意与浓浓古意一再推进，于是一点点喜欢起来，一方面惊讶于苏州竟然还有这样一块冷地，一方面又有捡漏般的欢喜。

环山路，大致终结于庙前。庙，即何山道院，又名张王庙，或者何山庙，最早则是何山庵。何山庵位于何山山顶，就建在何求、何点隐居地的房基之上。何山庵后来改名何山庙，又改为张王庙。张王庙里供奉的老爷，是按照张士诚的模样塑的像。

张士诚是元朝末年的起义领袖，泰州人，居吴十四年，自称"吴王"，兴建水利，发展农业，主办学校，各

何山 张王剑石

种德政很得苏州人的感激。所以苏州人对张士诚很有好感，对张士诚的感念，也是发自内心。张士诚最后兵败朱元璋又自缢身亡，苏州人顶着朱元璋的强力镇压，自发烧香纪念，且将何山庙改为张王庙。

张士诚留在苏州的痕迹很多，城中还有一处地名唤作"皇废基"，正是张士诚在苏州称王时所筑王府的遗址。苏州话里很特别又让外地人摸不着头脑的"讲张"一说，这个"张"也是张士诚了。当时人们偷偷讨论张士诚的"好"，"讲张"一词不胫而走，大家心照不宣，至今日早已听惯、讲惯，张士诚对苏州的影响，可算见微知著。

不管是何山庙还是张王庙，此地一贯香火旺盛，民国时期还有一年一度的何山庙会。每逢农历四月十八，何山香烟缭绕，人头攒动，完全不是早年的寂寞山丘。

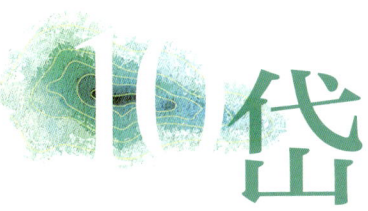

岳岱他们

10

一

　　岳岱为什么要写《阳山志》？恐怕不只是倾慕，还有一种映照之心。

　　岳岱自山间长大，穷尽阳山的意愿，自与他人不同。这种挖掘，似有一种反观自己的意思在其中。人生走到某阶段，不知不觉地就会有挖掘自己的需要，扩大之，更有挖掘一点周遭环境的必要。

　　朱长文在《吴郡图经续记》中有写到阳山，但十分简单；各种丛刊之中也有点滴阳山，只是分散。想必岳岱也有找书而不得的遗憾，于是发愿，不如自己来编纂一部，令后来者总还有个全面参照。阳山之大，须有这样一部详尽的索引，为一些描述定论，为一些传说正解。没有《阳山志》，阳山也还默立城畔，是很小一部分人认知范围中的阳山；有了《阳山志》，阳山便是更多人的阳山。岳岱在并不洋洋洒洒的《阳山志》里亦不忘提及自己的初衷，因为不理解所以去探索，一一梳理干净，终得豁然开朗。

有一点很重要，岳岱是在游历名川归来之后，才开始着手写志。恒、岱诸岳，以及四明、天姥、天台、雁荡、武夷、匡庐诸座东南名山，所框定的格局，决定了岳岱回到苏州之后写阳山，必定会有大视野之下的客观比对，也无井底眼界之限。但是，潜心撰写《阳山志》的三年，岳岱足迹便只在阳山四野，不再复出，专心著述。

常人总会觉得，志书不会太好看。有用，满满干货，实实在在，每一个句子乃至每一个词语，都指向信息的有用、准确，却非常严苛地保持着笔底无华、滴水不沾。《阳山志》不完全是这一型，它有言简意赅处，也有丰腴尽情时。

五千言，且算是一部小志，但往往又是小志好看，犹如小文，如珠玉，如珍宝。这是岳岱的个人撰述，或有制式之约，也有倾慕外泄，写着写着便到了酣处，斜逸点点，微醺好看。

三卷十目，先从山势写起，开宗明义，名山表露于一地，大小虽然不同，但道理是一样的。岳岱在排布篇章的时候，思路清晰，纲目明确：山势第一，泉石第二，台洞、岩壁第三，古迹第四，寺庵庙第五，草木第六，药产第七，堂墅第八，饮食第九，诗文第十。岳岱大概很明白，撰志与写诗作文不同，山水志尤其容易写成山水散文，但是作为山水志的守职，文字枯瘦一点简约一点都不要紧，关键是要把每一件都交代清楚，勉力做到去伪存真；隐蔽晦暗、模糊不明的地方，要一样样解释清晰，以便将来想要了解这座山的人，能够一卷在手，攻略全有。

每条，无一不是自朝夕相处积累下的种种感官出发，逐一证实、挖掘。这种挖掘带有很大的探索意味，从未知到已知，要跋山涉水，要爬梳资料，要四处请教，要反复比对，涉及地理，又免不了去往不同的山头，互做参照。千头万绪集束了一大把，从中挑出有用的、正确的，字斟句酌，总结成言简意满的五千言，行世千年。五千言，也长也短，铺在今日报章，不过一二个满版，却把一座山处处描到。

岳岱文人本色不改，每一目结尾，他都饶有兴致赋诗按赞，亦算是小小的情怀走私了。

岳岱写诗，也善画。岳岱考据阳山，后人考据岳岱。知其善画山水仿王蒙，又有黄公望笔趣，工笔花竹，文人写生，都不在话下，《寒林峻岭图》《关山雪霁图》《秋山萧寺图》《丹台鹊桥图》，仅仅画名便堪玩味——山山水水于他，实在也是因为胸中丘壑常在，所以才有笔下的种种收放自如。

与很多读书人很早就怀有仕途志向不同，岳岱在很年轻的时候，就干干脆脆地决定放弃追求功名利禄，隐逸阳山。岳岱祖上因立下军功而到苏州做官，岳岱从小在阳山长大。嘉靖年间，他在阳山西白龙坞开辟草堂，结庐隐居。读书人选择山居，总有心中的天地想要构筑于现实之境，于是他在草堂周围遍植花木：养竹，修竹万挺；种笋，笋皆鲜美。

"道以志隆，情由居定"，岳岱看重居所的意义，修身养心，也更愿意选择荒寂僻远的山间作为寄身之处，且看他在《阳山志》里专列一目"堂墅"，便知其对山居生活的经营与重视了。择山而居，人便成为山的一部分，堂墅亦成为山之名胜，但凡对山之寂籁心有所属，更愿意栖身在此的，大约也算是另一种往淡泊中去的明志了。

据说岳岱性情乖僻，不喜与人交往。但他在准备与写作《阳山志》期间，又很喜欢与山里的割草砍柴之人打交道。他与他们亲近无间，相谈甚欢，但凡有一点新的所见所闻，马上记录下来以便采纳。

二

《阳山志》得以刊行于世，尤其要感谢岳岱一位密友的鼎力支持。岳岱的这位密友即明代著名藏书家、茶学家顾元庆，人称"大石先生"。

顾元庆从黄埭移居至阳山大石山坞，也不知是否受了岳岱的召唤或者说启发。在清丽毓秀的戈家坞，他也辟了一座阳山草堂，房子盖得壮阔精致，又颇为讲究地置下园池竹亭，潜心于收藏、茶学、书法、著述，与岳岱隔山呼应。

也叫顾大有的这位顾先生，是著名的顾野王的后裔，来自世代相传的读书人家，家境优裕，所以他资助岳岱刻印《阳山志》，全然不是问题。不只是资助，岳岱撰志，前前后后各种案头笔底功夫之中，也少不得与顾元庆一起切磋。

顾、岳二人，可说是一对山林密友，沉迷山山水水，也常结伴游历。《阳山志》有录顾诗《草堂杂兴》，刻痕二人之友谊，"嵇康元不俗，颜阖自难求"一句，更是表达了顾元庆对岳岱的倚重。

嘉靖某年初秋，大雨初歇，这一对志同道合的朋友从大石山云泉庵出发，开始了又一回合的把手同游。先向东北方向，去到了鸡笼山与真山，越过白垩岭，拜过管山庙与澄照寺，又向南去了耙石岭，接着向西，到了净明寺，最后压轴，两人奋力爬了一回箭阙峰，并在文殊寺逗留。这一路山高水长，这对好友兴致高昂，题诗酬唱，把一路途经的寺观、古迹、泉石、山房，一一题遍。

这一路的唱与诗，共计十五处名胜三十首诗，均记载于顾、岳二人合著的《阳山新录》，文学意义之外，更是为明朝嘉靖年间的阳山，以文字勾留了样貌，可算是一份珍贵的阳山史料了。顾、岳二人当时题咏的十五处名胜，其中有七处，踪迹或遗痕还能够找到，另一半因挖山采矿之故已经消失，如耙石岭、白垩石壁、丁令威丹井、鸡峰仙洞、西白龙晋柏、净明寺这些，到底成了虚名，好似一个个被时间挖走的宝藏，徒留深坑在此。

十五处，最后题咏的是修绿山房。无论顾元庆的"寒岚翠雾交霏霏"，还是岳岱的"谷鸟吟风日欻欻"，都描下了此处的迷离与隐约。可惜山房早已无存，而且半点线索都没有留下，至今不知这个修绿山房，曾寄身于阳山哪一处崖壁之下、山泉之上。顾诗最后的"披豁共君忘日暮，扁舟重待月明归"，是与修绿山房一期一会之后的感怀，亦是与好友岳岱的下次再约。岳岱则回应："清溪之边东岭上，新月照君孤棹归。"总也有一支伏笔，遥遥埋下。

两首题咏诗中，都有一种"寻隐者不遇"的怅然，两位痴情的诗人，却到底也见了山房四处的千竹依依、芙蓉次第。古人清樽，无处可寻，今朝只得一番菊花对酒，观山云出竹，抚木叶经霜。君子隐居山林，不愁向市，且喜看花。

修绿山房，未被纳入《阳山志》的"堂墅"条目。那一目，有录唐朝顾炼师草堂，与岳岱同朝的白鹤山房，玉峰先生别墅，白铁道人山居以及顾元庆大石山房。这些名墅，有些只是诗文所录，并没有实锤，可是特意写诗表达过倾慕的修绿山房，却没写下个只字片语，好叫后来者按图索骥？

或许只是因为岳岱了解山房主人隐而不昭的心迹，因此曲笔不写，只在诗文中私藏？

原来，岳岱撰志始于1530年，而与顾元庆那一次著名的诗咏酬唱，却是九年之后的风雅事情了。《阳山志》所录，必然有一根时间线裁定，当是必然有不完全与不完备，纵然后来又有认知上的补充与更新，却也不见得有补缀的必要了。

岳岱自己的草堂，他亦自谦，没有录入其中。

岳岱自己的这一处阳山草堂又称岳园，岳园不仅是岳岱著书立说的雅居，亦是当时吴中名人雅士相聚的会所。

谈笑皆鸿儒，往返这一座园子的，大约也都是当时文坛的重量级人物了，他们于此雅集，切磋诗文，留下不少描写岳园的诗句，从四面八方，将一处处胜迹补齐。

三

有一位经常出没岳园的忘年交朋友，名叫王穉登，这位座上客曾以一首"压屋青山色，惊人白雪篇。归来问奇字，今夜不能眠"来表达自己对岳园的留恋，对岳岱的敬仰。

"穉"字生僻，通"稚"。王穉登曾是文徵明的学生，明朝后期的著名剧作家，且还写得一手好诗，又精于书法。他有一首欲语还休的《重游大石》，录写了自己对阳山大石的心仪和痛惜。苏州的山山水水都曾留存过他的足印与诗篇，他的五言律诗，胜在清新脱俗、不事雕凿，有人曾拿他与诗佛王维对比，仔细一嚼确有其味，可惜王维在前，比肩、比较，都难说好。

不过，王作家应该想不到，他的身后之名，却不完全是因为文章写得好，多少也因一段感情纠葛。而且这段感情戏，于对方是一段红尘佳话，于他自己，恐怕是尴尬多于甜蜜。后世著文考证明末清初的士妓交游，还专门以他这一对为例，王作家若地下有知，不知会不会捂脸擦汗——自己专职写剧，却也被后人编排进了一部依本多情的才子佳人剧——入得戏中，原来都落得一个难逃下场。

这里不妨略略展开这段往事，八卦归八卦，却也留个来龙去脉，看官心中，自有斟酌。

对方马湘兰，秦淮名妓，两个人的相识经过无须赘言，总之很多江南才子北上博取功名的征途之中，都有短暂的金陵一站，王穉登也不例外。也说，王、马之间有过一桩拔刀相助之事，因此结下姻缘。反复被强调的一点是，马湘兰虽也就职秦淮，但其相貌远远谈不上绝色，她的与众不同是才情兼备。

似乎，以才情互重，总是比一见钟情更有说服力；但论感情的坚韧度与耐考度，看脸与看才，排名并无绝对的先后。王穉登频繁出入秦淮河畔的"幽兰馆"，与马煮酒欢谈、相携赏兰，二人的情投意合毋庸置疑，风月场谈出一场真恋爱的，也非绝无仅有。郎有情，妾有意，但是这二人活活要将一段情谊绵长演绎为一出无果而终却又偏偏要执手相看泪眼的苦情戏，大概也有他们的一言难尽。

马红颜画最拿手的兰花图赠予作家，分别题名"一叶兰"与"断崖倒垂兰"，前者画面仅仅是"一叶幽兰一箭花"，借以言说心头"孤单谁惜在天涯"之情，这两句都是题诗里的句子，收梢则是"自从写入银笺里，不怕风寒雨又斜"。诗中，颇有以身相许的试探之意。到了后面一幅诗画，更是干脆以悬崖绝壁上的幽兰自喻，"若非位置高千仞，难免朱门伴晚妆"。自己虽是风尘女子，但也绝对不是路柳墙花，就差逼问这样一句了：这一枚绣球，你是接也不接？

马红颜有意，王作家每每借前程不明来推脱，总也不接翎子，以现代人的眼光来看，可能是真有一点顾忌。顾忌什么？这里不做推论，古人虽然没有一夫一妻的婚姻制度作为掣肘，但是古人自有古人的繁缛、不便，或者说难以理解，抑或说阴差阳错。从其诗作来看，王穉登也是性情中人，敏感细腻，多情又多愁，艺术力卓越，但是辗转到情场上，这些性情也即等同于犹犹豫豫、拖泥带水、被动不前。

照理，王穉登不应该将儿女情长与仕途挂钩，但他选择不娶，也是一种态度。然而事情到此并没有完，他北上铩羽，心灰意冷回到苏州，且又断绝了与马湘兰相守终身的念头，却并没有终止与她的交往。他在姑苏，她在金陵，据说她每隔一段时间就前往苏州探访王郎，且这样的潺湲，一径就是三十年，自她韶华，到白发生。

马湘兰的心意并不难猜，从前的日子慢，这样的一心一意，既是可贵，又是可叹。她倒也非在金陵还有割舍不下的事业，自一颗心交付给了王郎之后，整日无他法排解心绪，也无非"时时对萧竹，夜夜集诗篇。深闺无个事，终日望船归"。看，痴情久，就连捏句攒诗，也已深深刻入了对方的语境风范。

这二人关系的高潮，是王作家七十寿诞之时，美人迟暮的马红颜，抱病携一船美女，一路南下，为老王轰轰烈烈，歌舞祝寿。据说此番胜景，不仅惹来吃瓜群众啧啧称奇，叹为"自夫差以来未有此等雅事"，且还惹得好友长吁短叹，最后，又把自己感动得老泪纵横，辛酸泪揩了一把又一把。祝寿后，马红颜回到金陵，不久病故，享年57岁。

王郎不敢娶，也不舍断，马姬一生痴情，他便一路相陪，虽无相濡以沫之实，若一定要说共守到了白头，似乎也没有错。以前程未卜推脱到后来已经站不住脚，他回到苏州之后，执掌吴门文坛，又写名剧，地位稳固，多少有一点影响力。"姻缘"二字，"缘"字占比，非同小可，有时只差一道东风。至于郎情妾意的多寡厚薄，他人颇难置喙，只是看一眼王穉登为马湘兰写下的挽诗，可也咀得出，其实光华早已不在。

"歌舞当年第一流，姓名赢得满青楼。多情未了身先死，化作芙蓉也并头。"客观地说，大诗人写这一首《马湘兰挽歌词》，克制有余，感人不足，朴实的赞美终不肯沾染几分情意，对她赞赏有加，多半是因为歌舞。但这是晚年笔底了，很多情感，早已在时光的滤选中，依稀难辨，将说不说。

再看马湘兰对王穉登的痴情，其实也非盲目无头绪。王作家对马红颜，一定是有知遇之恩的，王穉登的学养，或许正好成全了对马湘兰的浇灌，二人亦师亦友亦情人的关系，一方察得明白，一方无法自拔，纠缠小半世。一段佳话，两行清泪，留予后人三番四次的铺衍空间，无尽感慨，也便只能这样了。

四

还有一位与岳岱一样，将撰志作为乐趣的朋友，叫杨循吉。不过撰志充其量只是他的副业，他曾供职朝廷，又年纪轻轻就申请了退休，辞官后回到苏州，住在支硎山南峰下自己的别业中，安享"自烧香，童子煎茶"的诗意生活。

并非心无大志，只是大志在旁。杨循吉在明代，也是一个大文学家。

很多人用"狷隘""狂狷"之类的词语定义他的性情。"狷"字褒贬不一，有胸襟狭窄、性情急躁的意思，但另一方面也指性情耿直，有独善其身之意。杨循吉言行种种，在常人眼中异常万分，然而怀才之人，本也不必处处循规蹈矩，否则难免束手束脚，无从发挥。杨循吉早早便从礼部告退，结庐山下，活到快要90岁，读书著述以终，这样的生活简直是很多读书人的终极理想。

"归来重整旧生涯，潇洒柴桑处士家。草庵儿不用高和大，会清标岂在繁华？纸糊窗，柏木榻。挂一幅单条画，供一枝得意花。自烧香，童子煎茶。"这是杨循吉对山居生活的自得其乐与心满意足，一般人，写不来。

供职朝廷，听来体面，不过对于杨循吉这样的性情中人，只当是牢笼了。他时任礼部主事，不适应坐班生涯，经常托病无法处理公务，加上又常常喜怒无常，总给人一种疯疯癫癫的感觉。申请退休的时候，起先领导不予批准，后来礼部尚书明察秋毫，这个人是在闹情绪啊，赶紧准了，撵走为上。

当时的杨循吉不过三十岁出头，如果继续侍奉朝廷，仕途并不好说，不过于苏州的地方文化，肯定是个不小的损失了。

其实，这位大才子对家乡的文化贡献很大，留下诸多地方文献专著，如《苏州府纂修识略》《金山杂志》《别记》《吴邑志》《长洲县志》，等等，体例之完整，采撷之详尽，已属十分难得。

此外他还写小说，《苏谈》《吴中故语》和《吴中往哲记》都是他的文言小说集，里面专记元末明初苏州地方的名人、奇事、趣闻等。不过也有人看出来，小说生动明朗的人物形象后面，其实隐藏着作者的不得意与落寞。

实际上，暮年之后的杨循吉，对仕途又开始有了新的想法与惦念。有一年皇帝南巡金陵，朋友帮忙，引荐他去行宫看看有无事业机会。然而在皇帝面前，他始终只是个填词作曲的花甲老头，皇帝并未上心，一无安排。杨循吉想想算了，再次托病回家。不过戏剧化的是，皇帝回到京城之后，倒是又想起这个老头来，召他入京，可是等杨循吉赶到京城，皇帝却已驾崩。如此一波三折，只当是天意了，杨循吉自此对复出彻底绝了念想。

　　当官，想当官，这些都是人生中的插曲段落，杨循吉的主线十分清晰，终其一生，到底没有辜负天赋才华。

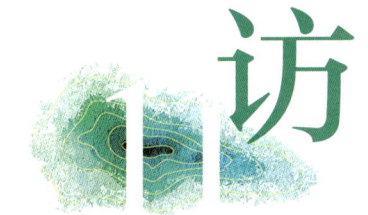

访

古

之

人

国民党元老李根源，字印泉，云南腾冲人，因为反对北洋政府曹锟贿选总统，于1923年弃官离京，先居上海，两年后又迁至苏州，寓居十全街，一待就是十四年。1926年，他开始了吴郡西山访古的旅程，先后于四月十二日到三十日、五月二十四日到三十日，两次雇船前往古城西部探访名胜古迹，足迹遍及西部山山水水。访古期间，李根源白天舍舟登岸，翻山越岭，每一日密集的行程完毕，他都会在局促的小船之中，趁着印象犹新，连夜秉烛完成整理，以免第二日的行程堆叠上来，覆盖了前面的记忆。

　　《吴郡西山访古记》即是李根源这次访古留下的一部总结性著作。《吴郡西山访古记》为后世提供了一型很有意思的山水志，夹记夹叙，流水行踪，录下了那个年代一份珍贵的山水地理资料。《吴郡西山访古记》更具标本意义，除了作者身份的特殊，也因在那个年代，这样的一份记录大致也算孤本——应该说，这是苏州历史上第一次大规模对西部山水进行文物调查，同时也是有史以来对苏州郊区古墓最完整、最详尽的走访。《吴郡西山访古记》的问世，为当时民国《吴县志》的编纂充实了丰富的史料，而李根源自己也参与了《吴县志》的编纂。

李根源此次访古游的最后一程在阳山，去除第一日抵达浒墅关，全程四天。

李根源在阳山的考察重点是古寺、古碑以及古墓葬，因其本身爱好金石碑刻。有碑就有墓，有墓就有碑，然而很多名人墓葬因为年代久远，已经杳无踪迹，抑或名实不符。古人重视文献记载，却因种种条件所限，实地调查并不充分，或者疏于将时间的变化也考虑在内，很多记载出现了误差。李根源求真务实，决定拿出考古工作者的热情与认真来，完成这项虽然工程巨大却很有意义的田野调查。

在这次考察中，李根源看到许多古墓被盗，又或墓石移作他用，感到十分痛心。值得一提的是，当时他就已经注意到了山体开挖等问题的存在，并记载于书中。

在《吴郡西山访古记》的最后几页，他记下了自己在阳山地区的足履。值得一提的是，李根源每日记录梳理之前，会把原定计划也一并罗列，计划与执行两相比较，差池难免，不过也可看出印泉先生投入此事的执行力与专注力来。

第一日，登树山，过大石坞，访王公伦墓（不得），登长坂，达云泉庵，过金芝岭，达白龙山，至文星阁，入灵济庙。第二日，越石狗岭，入青涧，至问心庵，达管山，至北阴三法司庙，登管山。第三日，自通安桥沿树山山麓南行，过青山咀，入西白龙坞，至西龙寺香花桥，再至西白龙禅寺。第四日，自同善桥东南行，经二图镇，过查家浜，访密峰禅院与中天王庙，走西庄，过猫头顶，至耙石岭景福庵，东出登象山顶，沿岭头过西爪山，西行至西圆山，登凤凰台，至山庙，下至兴隆庵，登箭缺山，过文殊泉，入文殊寺，出西南登望海峰……以上只是简单的路径梳理，李根源的访古记本也是一份考察日记，流水记录，少见修辞，却也多是实锤。

通过李根源的记录，现在的读者依稀还能看到20世纪20年代的阳山风貌：寺庙林立，古墓依存，古碑满目……文中偶有闲笔，看似漫不经心，却也留下了今天看来很有文献价值的线索：比如树山在当时名"如山"，细忖之，吴地方言之中，"如山"与"树山"几近同音，由此衍变，倒很值得记下一笔。在大石坞，李根源赞叹杨梅美味，并且认为不输给光福邓尉。诸如此类，不胜枚举。

李根源文中将"箭阙峰"写作"箭缺山"，一峰即一山，也是一种理解。在文殊寺，寺僧还掏出纸笔讨字，印泉先生便写下"箭缺"二字，嘱其摩岩。

在石头上刻字，大约是很吃力的一件事情。据说李根源经常会携石匠一起出门，好方便他的即兴题刻。在小王山葬母之地，颇多见到他诸如"滂母贤，山不骞。宅斯土，千万年"这样的题跋，此种情愫与倾诉，与今人发一条朋友圈并无区别。只是今人将心迹落于网络，随时可删；古人的心意呢，与石同在，与石同坚。

家里有一位长辈曾经为搜寻、挖掘李根源踪迹做了很多具体工作，现今想来，他做这件事情的时候，正如李根源当时年纪。李根源寻古，他寻李根源，每一位前人都是后人的古，此种寻访颇有骨牌之妙，却也钩起这一脉的历史与人文了。

通读《吴郡西山访古记》，每每对访古本身之风雅充满向往。1926年由春至秋，一个云南汉子在苏州西部游历，一人一舟（到底有没有随身带着石匠呢？），白天巡山问古，晚上登舟笔耕记录，是辛苦也，是大满足也。

两耳不闻山下事

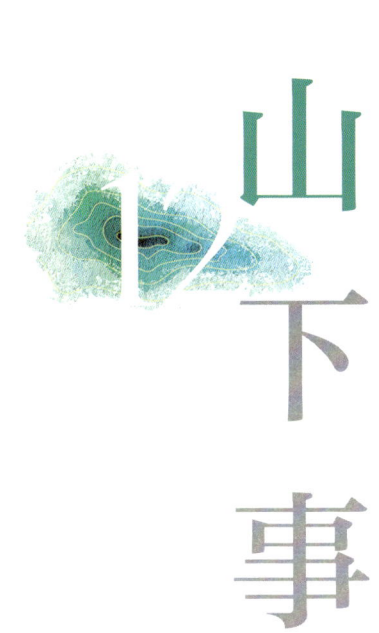

阳山离得市远，又有山寺各踞山头，宜禅修，更宜读书。年轻人两耳不闻窗外事自是一种境界，有境找境，无境还要造境。阳山波澜，山地复杂，多得几道褶皱处，也或是秘密之地，常人寻不到，无人相扰，读书正好。

深山与文人，在互相提携之前，总还有个互相积蓄。进山读书，不是捷径，也非要道，虽然用今天的眼光看，循山而去多少也是一个风雅之选，但在交通原始、社会支持近乎为零的封建社会，能够提起勇气进山读书，也是非有一番远大抱负不能够了。

阳山的读书条件更胜一筹，也是因为此地于历史上，从不缺少名寺的排布。青灯古佛在旁，多少得一些心思澄明，修的是学问，也是一种心性了。宋代大学士谢涛曾借阳山白鹤峰下的澄照寺宝地读书，还写下一阕七言诗描摹心境，"主人心似秋池水，一日看来一日清"，只这一句，便惹得后生艳羡不已。五百年后，换朝明代，一个叫欧阳子瑄的人来访谢涛的古，还以谢涛原韵赋诗，"芝田野鹤归来晚，松顶长鸣入梦清"。喻鹤喻松，皆为仰慕。

谢涛是东晋谢安之后，跟着父亲定居苏州，安家阳山东麓。澄照寺原名白鹤寺，亦名白莲禅院，还叫过仙泉寺。此地风光，借用明代苏州知府杨贡诗句，即是"微微远水白，点点乱山青"。

这里多写几句澄照寺。宋代时候，澄照寺已经非常有名，白鹤峰下有一被称作"白鹤道人"的仙家丁令威，曾在此间得道成仙，化鹤渡海，堪称传奇。不过，阳山多寺庙，每一座庙又前前后后更替庙名，眼拙起来，这澄照寺也常常被当地人误作了隔壁那座祭祀龙母娘娘的灵济庙。

谢涛的读书台，其实也只是澄照寺中一块普普通通但是略微平坦的大石，谢涛在寺中，很喜欢坐在这块石头上读书。据说谢涛此举是效仿心中的偶像支遁，支遁隐居花山之前也曾隐居阳山，其间也在石上坐禅。谢涛曾发愿："他年余若功成后，乞取秦余作醉乡。"

谢涛后来官至三品，为人坦荡，为官清廉。因为喜爱诗词，他与欧阳修、范仲淹都有交互，且他的一个女儿还嫁给了当时著名的诗人梅尧臣。谢涛去世的时候，欧阳修专门题写挽辞称赞他的文学成就，其中有一句是："公平生辅志，所得在文章。"

谢涛没有食言，他后来确实回到澄照寺讲学，并由他的儿子谢绛刻石为记。谢绛也非等闲，学识非常渊博，深得同时代大诗人的赏识，在高中进士之后，曾与欧阳修等人共事多年。值得再写一笔的是，谢涛的几位孙儿，谢景初、谢景回、谢景平，皆有文名。

白鹤峰下的澄照寺，起初因仙家丁令威，后因读书人谢涛，曾声名远播，也是一代吴中名刹，不过后来渐湮没，并在战火中衰败全无，也没个遗迹存世。白鹤峰没有了，十多年前白鹤寺重建，已经移去了高景山。

白

龙

神

话

阳山有一条祷雨神龙，很多诗文都有记述。这是一个牺牲大于成全的故事，人们更倾向于将其看作神话。神话起源，带有人类在自然认知方面的局限性，却也表达了人类征服自然的种种幻想。诸多不可思议的走向构成了故事的暴烈结尾，人的诉求最终也得到了神的回应。

故事发生于东晋年间。彼时，阳山有妙龄少女缪氏，于一个狂风暴雨、天气恶劣的日子，好心收留了一个来历不明的白衣老汉，然而隔日便莫名有孕。缪氏女的父母爱惜颜面，无法容忍女儿无端被染，因此赶她离家。缪氏女无奈，只能乞讨度日，如此捱到足月，却不曾想竟然娩下一团肉块，肉块绽开之后，蹿出一条雪白的小龙。可怜的母亲当场被吓死，小龙悲痛异常，腾飞而去，消失云间。乡民这才如梦初醒，明白此非凡胎，缪氏女也非常人，于是兴建庙宇，将龙母供奉起来。而那条小白龙则必在每年农历三月十八生辰这日，省母上坟，从不延误。

小白龙每年回乡，阳山总会下雨，因此每到干旱之时，乡民便前往龙母庙求雨，慢慢成为阳山地区一个十分独特的风俗。又有传说，鸡笼山，又名憩龙山，就是白龙回乡的小憩之地。

岳岱在《阳山志》里收录了缪氏女的事迹，他将其定义为"灵异"，列入《古迹》条目，是为龙母冢注解。白龙神话大抵如此。明清以来，以白龙庙或龙母祠为描写主体的诗文，不胜枚举。更有后世加以各种传说演绎，不断丰富各种细节，令这故事更为圆满，增添种种神秘。

祭祀龙母娘娘，细究起来曾经有过两座庙。一座白龙庙，在阳东，又名灵济寺；一座白龙寺，在阳西，又称白龙祠、龙母庙，或者干脆就叫西白龙寺。两座白龙寺堪称姐妹，各有重点。

据说白龙庙求雨十分灵验，所以白龙庙在历史上备受推崇，屡有修建。明代苏州著名的清官况钟，有一年出于为民祈风调雨顺之福考虑，出面调度力量重修了白龙庙，可见白龙庙在历史上很有影响。明朝期间，白龙庙屡次兴修，都有官方拨款。

到了民国时期，白龙庙即便已经破败不堪，但庙中仍保留着历代珍贵的碑刻。李根源入庙考察，曾作日记详细记载当时所见的情景。至20世纪50年代，白龙庙颓败，改为阳东小学校舍；至1966年"文革"，碑刻文字被悉数凿去。当时白龙庙中尚存古井一口，碑石一块，柱础两方及庙前香花桥旧基。

西白龙寺，位于青山鸡峰之上。传说中的龙母缪姑娘诞下白龙，就在此处"龙母冢"上。寺内有一株晋柏，一潭龙湫。苏州解放后，西白龙寺尚有香火，不过还是于"文革"期间遭遇摧残，彻底被毁，今日这座西白龙寺已不复存在。

认真溯源起来，白龙神话的诞生，反映的是农耕时代人们对于风调雨顺的心理诉求；龙母形象的塑造，是对于母子关系的一种塑造。神话常常描摹天庭神力，却也常常比照人间真情，白龙神话听之侧目，却也总有一点启发意义。

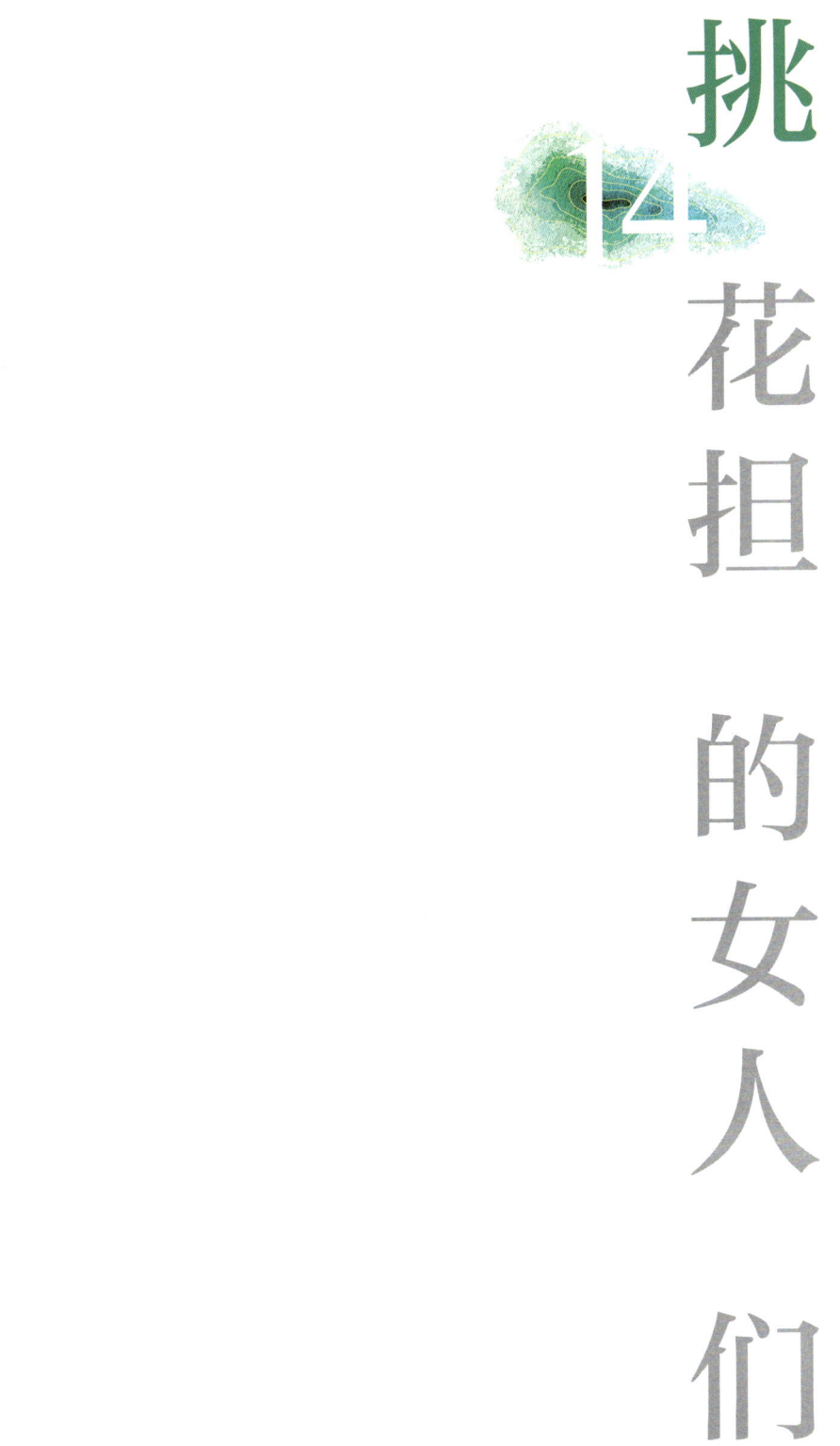

14

挑花担的女人们

"西方路上一笼鸡，开了笼门哄哄飞，有娘小鸡跟娘玩，无娘小鸡苦凄凄。"这是一首吴歌，女人们踏着调子哼唱起来，似有似无的旋律，低沉飞快的吐词，总有一种委婉动人的欲说还休。这是一首山歌，是阳山女人们挑花担时常常会唱到的一首歌，照挑花担娘娘们的说法，这也是一首"挑担颂经"了。

挑花担，过去阳山地区庙会中必不可少的节目，热闹却也含蓄，热情洋溢又收放自如。20世纪90年代，在真山发现了两千五百年前的吴国王陵古墓之后，当地人为了表达自己对吴地祖先的敬仰之情，便在这盛大的祭祀活动中挑起了花担，气氛热烈。

花担不挑人，从青葱少女到华发老妪，扎上头巾、戴上头花，肩挑一副两头沉的花篮来，都有曼妙隐隐绰绰见。挑花担要用舞步、踩步、莲步、足尖步、八字步，交替走圆场。挑花担又叫花担舞，舞步恒定，舞姿随意，有婀娜便挑出婀娜来，有欢乐便挑出欢乐来，挑花担的女人们不一定是最漂亮的，却都是最质朴与最虔诚的。

花担虽然不挑人，可是挑担人一旦挑起，就不能随便撂担子中途退出，一定要挑到表演结束。就好像一支山歌，总要唱到底才算是个完。要去挑花担的女人们，还要自备红绿彩带之类的装饰物，不过这些都是家常物什，说有就有，说挑就能挑。

吴地山歌的好听，在于调门的委婉，如前文所述，吴歌细听起来，有一种如泣如诉的味道，调子虽然单一，唱的人却能唱出千变万化的内容，连续唱上几个钟头都不会重复。

挑花担时所唱的"挑担颂经"中，有很多经目，这里大致列举一下。比如：大新经、妙三经、弥陀经、普陀经、地藏经、玉皇经、观音经、休养经、拜寿经、颂物经、打船经、消灾经、天门经、路头经、木鱼经……五花八门的经目，挑花担娘娘们平时都要默诵心中，也是好玩，也是不易。

将经目内容细细研究一番，其实也很有一种考究在其中。看似妇孺皆能识的山歌，却也蕴藏着最朴素的心愿诉求、最真切的做人道理。

《修养经》里唱到："我自小修养勿算早，爹娘宠我宠坏了，我勿要珠珠勿要花，就要一串念珠修养好，一来清清爽爽一间房，二来干干净净一张床，翻身翻在佛身边，伸手伸在莲花上。"

《普陀经》里唱到："一股清香一蓬烟，亦敬菩萨亦敬天，亦敬祖宗亦敬人，敬得贤良敬太平，太阳落山量八斗，满天珠佛传香烟。"

《拜寿经》里唱到："福山哪有寿山高，寿山头上结仙桃，结只仙桃五百斤，一双寿桃成千斤。"又或："初一月半庙门开，不管穷富都进来，身上衣衫理清爽，点好香烛跪下来。"

《打船经》里唱到："人有乐，佛有乐，天有乐，地亦乐，白油油船油着一只白莲船，格只莲船歇勒啥场化，歇勒普陀山格山脚下……檀香细木打只船，船头浪一对逆风圈，橹前橹后做好金钩子，南海南洋观世音菩萨莲打船……"

挑花担的本质，其实是以吴歌的调门来表达经文，也是宗教活动的一种文化载体。不过时代翻新，挑花担也被赋予了新的文化意义。

我手写我心

中国人的诗歌传统，为名山大川留下了大量的名句佳段，也为地方文献做了重要充盈。无论大诗人的笔底烟霞，还是小乡贤的应酬之作，文学自是一种高于日常的审美，是一次认真的记录，是一番无心插柳的寄存。

挖掘阳山山系的同时，竟也找到了超出想象的诗咏之作，原来阳山，也曾是这么多文人心仪与热捧过的阳山。有名无名，都是作者的有心之作；或繁或简，都是诗人的有感而发。

诗歌耐嚼，多读几遍，层次立现，古人的精简含蓄，只在诗歌一项，便胜过今人无数，于是在这些诗咏中，一一遇见了与这山相关的一切典故、传说、历史、风物——站在古人的肩膀上观瞻从前风景，此为读诗的妙不可言，言不可说。

这里收录的诗歌多为明清之作，固然有资料收集方面的限制，却也不可否认，姑苏清嘉，明代以降是一个重要的时间点，也是从这个时候开始，苏州文人显山露水，并且有了群体形象。他们结伴游历又或雅集，互相提携，彼此影响，因此涌现出如《大石联句》这般令人叹为观止的煌煌巨制。

以下所撷诗篇，或以为文，或以为志，或有趣，或有用。每诗后，配以小小的延展，聊作今人视角的一种。

赋阳山

元／顾阿瑛

别起高楼临碧溪，绕楼青山云约齐。
阳山独出众山上，却立阳湖西复西。
天风吹山岘不起，倒落芙蓉明镜里。
影娥池上曲阑干，倚遍秋光三百里。
白云不化五彩虹，化为夭矫之白龙。
一朝挟子上天去，沛泽下土昭神功。
土人结祠倚灵洞，雨气腥翻海波动。
纸钱窣窣蜥蜴飞，女巫击鼓歌迎送。
兹山本是秦余杭，越兵昼获夫差王。
不知谁是公孙圣，空谷答音吴乃亡。
只今此地愁云黑，铁马将军金作勒。
汉蛇曷识剑雌雄，秦鹿应迷路南北。

山下花开一色红，花下千头鹿养茸。
衔花日献黄面老，扶群时入青莲宫。
闻道青霜落林谷，斤斧丁丁惊鸟宿。
千年白鹤忽飞归，失却长松旧时绿。
君今坐看楼上头，析韵赋诗浮玉舟。
凭高一览青未了，底事仲宣生远愁。
明朝更踏东山路，傀儡湖中观竞渡。
酒花滟滟泛昌阳，醉归扶上楼头去。

顾阿瑛为元代文学家与藏书家，他的这首《赋阳山》是一首波澜壮阔的叙事诗，阳山林林总总，好像都入了其中。"兹山本是秦余杭，越兵昼获夫差王。不知谁是公孙圣，空谷答音吴乃亡。"这两句流传最广，阳山藏而不露的古迹，便是夫差的这一径穷途末路，吴国的落幕，因此盖棺定论。

公孙圣，解梦术士，因预言吴国将亡而被夫差赐死。夫差最后时刻被越兵追杀困顿于阳山之时，终得醒悟，连呼三声"公孙圣"，又明明白白听得公孙圣的空谷答音。人在某种绝境之下出现幻听，并非不能，夫差的悔不当初被铺衍为亡故者的空谷答音，亦是一种高明的文学了。阳山半山亭下有"公孙圣枉杀抛身处"，算是一个今日注脚，也是这一座山的文化层面。游人每每经过，略略听得一点历史，便有一种醍醐灌顶之感，而后继续山行。

"山下花开一色红，花下千头鹿养茸"一联，则与西施相关。夫差命人养鹿，是为取鹿茸予美人滋养。宏大叙事下的这一句"花开一色红"，实在壮美绝伦，却也别有一番滋味：西施集万千宠爱于一身，这种宠溺，原来也是集了万千生灵之身。《顾随论诗》认为长篇必须要有健句支撑，尤其叙事诗，更要有"健"。顾阿瑛深谙此道，他写《赋阳山》，很懂得要在这首长诗之中埋下丰厚内容，故事也讲了，典也用了，景也描了，千古哀愁也一并叹了，寻常步伐挪动着寻常字句，忽然来了一个健句，他也屏息不乱，顺手拈来贴于长诗之中，不动声色，举重若轻。"健"怎么讲？"健"是隐隐埋于血肉之中的好看筋骨，提纲挈领几句就够了。诗文贵在疏密有致，如果每一个句子都要劲健有光，整篇白花花一片，光芒万丈，没一个瞑瞑幽暗处，其实也就无甚好看了。

说几句诗人相关。顾阿瑛本人，轻财好客，不愿出仕做官，素爱与朋友游山玩水，饮酒赋诗，过着优渥闲适的生活，他的诗歌也多是抒写这种闲情逸致。元朝末年，天下纷乱，他尽散家财，削发为僧，死时，已经是明初了。

诗人这首《赋阳山》中，"倚遍秋光三百里"这句我也喜欢，不为其他，只为在那阳山之巅，面对秋光三百里的一览无遗、取之不尽，心中也曾涌起过与诗人一样的惊叹与共鸣。

登阳山

明／高启

我登此山巅，不知此山高。
但觉群山总在下，坐抚其顶同儿曹。
又见太湖动我前，汹涌三十万顷烟波涛。
长风吹人度层嶂，不用仙翁赤城杖。

峰回秋碣海鹘飞，日出夜听天鸡唱。

中有一泉长不枯，乃是蜿蜒神物之所都。

老藤阴森洞府黑，树上不敢留栖乌。

常年祷雨车，来此投金符。

灵旗风转白日晦，马鬣一滴沾三吴。

岩峦苍苍境多异，樵子寻常不曾至。

探幽历险未得归，忽听钟来涧西寺。

此时望青冥，脱略情尘世。

白云冉冉足下起，如欲载我升天行。

古来名贤尽何有，唯有此山长不朽。

欲呼明月海上来，照把长生一瓢酒。

浮丘醉枕肱，洪崖笑开口。

天风吹落浩歌声，地上行人尽回首。

高启写得豪迈，开篇即在山巅，蓦然回首，才知已在群山之上，又有太湖在前，这气概，约也是，不到箭阙峰，不一定会有。阳山之高之巍，已然不是寻常境界，蜿蜒神物，老藤阴森，岩峦苍苍……个中描摹也不是有意渲染，登临群山之上，"念天地之悠悠"的情怀想必常有。

这首诗的与众不同之处，在于它的述境与抒怀，一个"登"字提纲挈领，读时澎拜，读完凛冽，其中共鸣，属于每一位读懂箭阙峰的有缘人。阳山是异境，"樵子寻常不曾至"，但是又偏偏，"古来名贤尽何有，唯有此山长不朽"。想必高启对阳山，也是存有一种敬畏之心的。他的诗大致都是这种雄劲、奔放的风格，我手写我心，但又贵在放得开，收得住。

高启是一位天才诗人，诗风接近唐人，尤其受到李白影响更多一些，且才思敏捷、创作勤奋。在诗中印刻悲壮与孤傲的高启，哪里想得到，这大约也是他一生的底色。才情度人也害人，文字可捧便可杀，在高启身上，写诗作文带来的麻烦是直接送命，因为他招惹了皇帝的不喜。洪武年间，朱元璋曾钦点高启任职户部右侍郎，高启潇潇洒洒地拒绝了，因此种下的裂隙当时不知，后来在不知不觉中一点点发酵为朱元璋对他的怀疑不已、忌恨难消。高启因为撰写《上梁文》而犯禁，本也是可大可小的事情，但新罪叠了旧账，最终还是没能从朱元璋的小心眼里滤过去，最后被赐腰斩，总也唏嘘。

如此，回过头去再读这首《登阳山》，其中的几分凛凛，或也有一语成谶的质地，"老藤阴森洞府黑，树上不敢留栖乌"，这样的句子，咀嚼再咀嚼，都是深意了。

观音岩看月介公至

明 / 陈仁锡

风前忽自笑，云外若为期。
忽报山僧至，山深知未知。

观音岩，即文殊岩。文殊岩旁文殊寺，或者说文殊寺旁文殊岩，古已有之。这首五言诗很有行云之势，且看风涌、云流、僧至、山深，看似漫无目的的叙述，每句一个递进，洒脱自然，水到渠成。好像也不是要刻意写什么出来，只是随手记下一出"山僧至"的老友记，这样寥寥几句，意境也不期而至。

游阳山

明 / 袁宏道

巉石蹲如象，枯松剥似鳞。
鹤仙何处是，龙母果然神。
穴有能言兽，岩多不语人。
吴宫零落尽，踪迹竟谁真？

如果将第一句篡改为"磊磊巉石蹲如象，簌簌枯松剥似鳞"，不知合也不合？五言诗与七言诗的大不同，有意的层次差异，也有境的云泥之别。写诗，有时要往上堆叠字词，有时则只想求个干脆利落，该舍则舍，能简则简，"不语人"也是一种姿态。

袁宏道这首《游阳山》是短、平、快，拔刀出鞘，直奔而去，"岩多不语人"亦是点题。阳山诸多可说，此诗只挑一二，巉石、枯松之形貌，鹤仙、龙母之传说，有话则长，无话则短，在可说与不可说之间，在确凿与不确定之间，吴宫往事，"踪迹竟谁真"。

登阳山绝顶

明 / 王鏊

阳山高哉几千丈，箭阙遥瞻在天上。
一朝置我箭阙旁，坐觉诸山皆退让。
太湖汀滢平于杯，夫椒包山近相望。
山腰鸟道何盘盘，十步九折行且叹。
昌黎正逢衡岳霁，太白休歌蜀道难。

夫差悔悟苦不早，公孙白骨缠荒草。

伍胥伯嚭两丘墟，天地茫茫人易老。

划然长啸来悲风，一杯敬酹浮邱公。

何时借我绿玉杖，从此拄过扶桑东。

诗成西日下山去，回视山椒但烟雾。

阳山绝顶，箭阙峰也。似乎登过这一峰，回来再写诗，都被加持有一种"念天地之悠悠"的豪情万丈。阳山拔高几千丈，箭阙遥遥在天上，登顶箭阙峰，此刻不是在山上，而是到了天上，且有一种"坐觉诸山皆退让"的舍我其谁。

肉身放入浩渺，思绪驰骋古今，夫差、公孙圣、伍子胥、伯嚭诸位人物——登场，时间早已将那些瓜葛抹去，"天地茫茫人易老"，空余怅惘。历史岂可改写，命运几多感叹，最终也不过是，诗人诗成，抒怀完毕，于夕阳中下得山去，回望此山，仍是迷雾一团。

诗人王鏊，亦是明代宰相王鏊了，他多次登临箭阙峰，写这首《登阳山绝顶》，是在一次独自登峰之后。又有一次，他与友人同游，则写下情致完全不同的另一首《与谢宪德登箭阙》，"箭阙挽天知几重，半山聊复憩吾慵"，惫懒偶有几分泄漏。后世解读，这是王鏊罢官回到故里东山之后的游踪记录，激昂不再，倒是松弛下来了。

浒墅舟中眺阳山积雪

清／王士禛

日出阳山外，参差见几峰。

依稀露烟霭，窈窕明云松。
忽忆梅花发，清溪深万重。
扁舟欲乘兴，杳杳暮天钟。

　　这首诗描摹的是远望之景，又有想象中的生发。雪中阳山，不止仙境，更似幻境。冬雪白头，青山如黛，以阳山的庞然，在雪天雪地的浑然一色之中，自成水墨款。不过作者笔锋一转，似乎更中意梅花或者清溪的延展，雪后不久即是梅绽，溪涌。暮冬的黄昏之中，小舟未起，心神已远。

登阳山绝顶

清 / 沈德潜

秦余杭山不知几千丈，箭阙嵯峨在天上。
扪萝陟蹬身忽高，下界送眼难为状。
群山起伏遥相从，仿佛长老呼儿童。
山沓水合渺无际，但见太湖隐隐环西东。
青天微茫不在外，白日恍惚沈其中。
峰回境断阴风呼，行人到此寒肌肤。
老湫昏冥龙所都，往年投符祷甘雨。
神物出没雄牙须，山川终古闷灵异。
唯有句吴霸业归虚无，章明妖梦占俱应。
黑犬亡吴事前定，远道奔亡悔已迟。
山中枉杀公孙圣，风前凭吊空欷歔。
何处钟声入清听，此时日欲落樵径。
寒云还山腰，诸峰若浮动。
倏忽中断青瓒坑，左望馆娃宫，右望钟吾山，
夫差冷魄何足唤。
愿为赤松弟子采药烟峦间，我虽老矣能跻攀。

沈德潜老先生，少有才学，大器晚成，一路升迁，官至殿前。其才学备受乾隆皇帝欣赏，生前可谓"春风得意马蹄疾"，因此他笔下那种大开大阖自是一种境界，寻常人难与其比肩。

沈德潜77岁辞官归故里，回到苏州著书作述，97岁去世之后还被追封为太子太师，荣宠一世。但绝对想不到的是，九年之后发生的徐述夔《一柱楼诗》案将其牵连进去，乾隆大怒之下，亲笔降旨追夺沈德潜阶衔、罢祠、削封、仆碑，沈氏所有荣华顷刻之间化为泡影。

阳 山

清 / 吴雯

薄日山风吹，长松乱清影。
白云逗残雪，忽见前峰暝。
野鸟下寒竹，孤僧汲修绠。
聊欲遂幽寻，理策度西岭。

此诗被收入《清诗别裁集》，但其实写得，感觉并不那么"阳山"。五言诗，文简，画面感如是，薄日、山风、长松、清影、白云、残雪、野鸟、孤僧、西岭……每一个意象都有回甘，这些元素随意排列组合，都是一帧山水图景。

布衣诗人吴雯，被认为在精神气质上与陶渊明非常契合，笔底有唐诗的意境，又有宋诗的家常。五言诗本身更得一种天真，微远意趣，颇有几分禅味。吴雯这首《阳山》呈现了阳山的隽洁一面，也是难得。

二

游阳山北阜至云泉亭二首

元 / 善住

其一

一掬云泉漱齿凉，小亭幽绝背山阳。
道人自向峰头住，闭户不知春日长。

其二

雨余春涧水争分，野雉双飞过古坟。
眼见人家住深坞，梅花绕屋不开门。

作者善住，是一位僧人，自他寺来到云泉悠游。"漱齿凉"与"不知春日长"都是独特视角，读到此处，不禁会心一笑。

游阳山观大石

明 / 沈周

问寺松篁里，芒鞋苦未停。
蒸云山似甑，隐石树为屏。
鸟啄台中食，僧翻几上经。
闲来复闲去，空损石苔青。

画与诗不隔，但是画家作诗，画面感总是格外强烈一些，这是职业习惯使然，又或者说，是画家偶尔也要放一放的大招。哪怕挑出来的这几样都是寻常物，随意一摆，都有不可言说的美学意境。

画家锤笔，诗人炼字，异曲同工处，皆为用心。"鸟啄台中食，僧翻几上经。"从此句可见山不是空山，寺也不是空寺。"啄"与"翻"，不止跃然纸上的画面，更有呼之欲出的律动，山水几多繁缛，却只挑选几样，简简素笔，句句写真。

重游云泉庵

明 / 王穉登

旧游还仿佛，重礼佛前灯。
废井泉俱溢，层崖石欲崩。
半凋空腹树，久病白头僧。
济胜非前度，危峰上不能。

"重游""旧游"屡屡出现的一首诗，诗人重情念旧，过往所见帧帧浮现，今昔对比真正残酷，总在不期然。

王稚登是诗人、剧作家，文徵明之后的吴中文坛领袖，也是岳岱的忘年交，经常去岳园拜访岳岱，阳山自然也是熟络地，一访再访，从前有多心仪，后来便有多神伤。

大石联句

明 / 吴宽　李应桢　张渊　史鉴

岩岩者大石，奇观人所诵。
遐想十载余，初游四人共。
舍舟始登陆，杖策不持鞚。
是时日当夕，兹山气逾瀜。
入门信突兀，拾级骇空洞。
落星何破碎，灵鹫宜伯仲。
仰观神欲飞，俯瞰心屡恐。
鳞皴苔藓剥，骨立冰雪冻。
神驱道挐诃，鬼劈纹错综。
尊严凛君临，张拱俨宾送。
环列尽儿孙，拥护等仆从。
欲假愚公移，谅匪雍伯种。
卧鼓慨桴亡，对白怯杵重。
猊吻讶未收，龙鬣怒难控。
凝血疑痛鞭，立肺讵冤讼。
上漏还启窗，中通自成弄。
大惟补天功，小可砭肌用。
分矢肃慎来，浮磬泗滨贡。
廉利并攒剑，兀臬侧倚瓮。

峄山辱嬴秦，艮岳遗汴宋。
截彼民具瞻，壮哉客难奉。
落照红抹赭，归云白流汞。
僧讲点头应，将射没羽中。
尘缘契三生，阵图怀七纵。
在悬太师击，攻玉诗人讽。
仙煮充腹饥，俗支免腰痛。
瑶琨产维扬，琅玕出乃雍。
高题少室名，怪作东坡供。
半空见玉蝙，千仞附青凤。
栖禅百余年，问僧仅三众。
凭虚围曲阑，架壑出飞栋。
竹幽补堂坳，树古嵌崖缝。
窦黑炊烟熏，坎平钟乳壅。
盘盘栈道危，虢虢水泉动。
登顿足力疲，眺望眼界空。
松露发欲濡，潭月手可弄。
穷攀任生鞁，醉吟微带齆。
列坐对弯跧，大呼应锽宫。
嗜癖牛李愚，诗战邹鲁哄。
拜奇得颠名，忧坠成噩梦。
试与叩山灵，傥售捐薄俸。

　　五百多年前的一个隆冬夕照时刻，四五好友同游大石山，也不知是蓄意为之，还是兴之所至，"岩岩者大石"句出，不啻投石问路，四人各出佳句，即兴成诗，电光火石间互相激发，接力写下八十二句之《大石联句》，酿就一段文坛佳话。文艺创作，统一是个难，所以客观来说，《大石联句》的标杆意义要重于其文学价值。

　　但是即席而作，不及酝酿，拼的又是诗人们真正的内功。游历山水之际顺手腾挪文字游戏，这是另一种形式的文人雅集，其中还不乏有竞赛意味，难怪后来者杨循吉看到，羡慕不已。

咏阳山云泉庵大石奉和诸公同游联句之作

明 / 杨循吉

伟哉此阳山，有石俟歌诵。
形将冰块截，势与莲花共。
仰观一何高，登涉不可鞚。
鸟飞必徊翔，云出自腾滃。
孤圆外成峤，空朗中含洞。
瘦如辟谷良，清若食蚓仲。
深思殆天设，乍至令人恐。
浓萝作垂阴，寒泉滴为冻。
戴庵亦颠危，携觞更交综。
耳胁或骈费，勤拳时独送。
巍巍上少并，森森下多从。
荒崖始谁开，倒树谅非种。
在兹三吴间，当以九鼎重。
崇岩借冠冕，卑峦听提控。
劳呼猿固匿，被压松堪讼。
曲躬始得门，侧身还入弄。
拂苔劣容眠，收乳兼资用。
志犹记秦馀，材曷遗禹贡。
立久气湿袍，啸高声答瓮。
论年越殷周，言时晦唐宋。
一为佛者居，永作游人奉。
病宜谥著史，寐称抟养汞。
四方传不诬，诸公评切中。

临谷足还酸，乘巅目偏纵。
支颐讵厌看，极口难竭讽。
鬼凿手须胼，鲸负背应痛。
东岱徒小鲁，西华缪推壅。
悬磬风发明，香炉烟结供。
曝沙伏灵鼋，食岗停远凤。
是知隆拔群，所贵秀合众。
偷余殿容榱，就隙亭阁栋。
枯藤蔓穿穷，长蛇舌撩缝。
轻盈受指弹，玲珑脱泥瓮。
苇拜本无忝，羽撼争得动。
栽培稀尺闲，构架靡寸空。
炎伏凉自生，清秋月堪弄。
林深必赖烛，岚酷能作鬿。
星光犹立芒，龙吟殊叶宫。
岭狮驯已宾，皂狞敢与哄。
久嗟隔胜赏，频劳落清梦。
即欲营终栖，其奈怀微俸。

后来杨循吉见到《大石联句》十分激动，可惜生不逢时，那煌煌巨制诞生之时，自己尚是垂髫小儿，无缘加入。然而南峰先生实在爱写，情不自禁单独和诗一首，同为八十二句、四十一韵，遥相呼应。

游大石岩

清／邵源

巍巍大石岩，半是白云纤。
径绝梁犹在，秋深草未芟。

老僧一瓶钵，古树两松杉。

谁识漳余子，幽栖意不凡。

《游大石岩》是一首访古诗，访的是云泉庵以及岳岱的古。文字丛林，心迹总是可循，"径绝梁犹在，秋深草未芟"，这其中的感慨，"犹在"与"未芟"都是细密注脚。漳余子呢，也就是岳岱了，自从一部《阳山志》，岳岱已成阳山代言人，既是标杆，也圈粉丝。

岳岱访阳山的古，后人访岳岱的古，好古之人多愁肠，回首已是百年身。

寻滴水岩

清／沈德潜

空岩拥归云，探幽屡迷误。
山径落叶深，披寻得前路。
隔林响潺潺，境转寒泉遇。
阴崖山骨穿，虚窦水脉露。
群沫下涓滴，岁久石疑蠹。
中藏不息机，讵并奔流注。
澄潭无纤埃，观心静浮虑。
神骨自凄寒，清境难久住。
行逢晚樵还，共踏苍茫去。

《寻滴水岩》一诗，字字读来，情随境转，情境又转了心境，起初雀然，最后惘然，大石岩岩，质本洁来还洁去。诗人笔底纯熟，由风景至抒臆，了无痕迹间，轻舟已过了万重山。

三

龙母祠歌

清 / 韩洽

龙虽灵，鳞甲之物非人形，何为人母产龙子？
或言子产母即死，或云龙去母尚存。
敝衣丐食行荒村，乡人恶之父母摈。
龙子思亲来省觐，龙入母怀母乃惊。
母翻因此丧厥生，岂非人龙本殊类。
母亦不能通子意，子爱母，母不知。
母既逝，子乃悲。龙一怒，忽然平地为深池。
役风霆，走蛟螭，筑高坟，葬母尸。
或言母非死，母神从龙赴渊水。
贝阙珠官奉母居，龙子龙孙尽欢喜。
神奇恍惚不可推，惟见羊山坞里巍然祠。
祠前一古柏，滑泽无皴皮。

龙来目如炬，蜿蜒柏上如藤垂。

前此数十年，父老犹见之。

世闻万事无不有，所以史策传信兼传疑。

但愿神龙有神祷辄应，五风十雨无愆期。

高原下隰多稼穑。

受龙之施报母德，子母千年长血食。

关于阳山神龙，清代诗人韩洽的这首《龙母祠歌》交代其来龙去脉，十分详尽。

"母亦不能通子意，子爱母，母不知。"起初读来十分不解，各种文本之中，缪氏女的心理活动皆少有述及，反倒是那白龙，感念母恩又各种体恤乡民，有性格也有性情，更因呼风唤雨之神力，在阳山地区终是形成了一种白龙信仰。

韩洽此歌，专注于人龙母子关系的描述与挖掘。缪氏所背负的压力与白龙所代表的神力产生了巨大的反差以及强烈的对比效应，这也是整个白龙神话之中，母淡淡而子殷殷的一个重要原因了。

龙 湫

清 / 汪琬

一泓何黝深，游人每动色。

所恐龙子惊，风雷飞白日。

湫，水潭之意。龙湫，是白龙禅寺内的一泓清泉。也有说，龙湫是白龙喷出的甘泉。五言诗《龙湫》言语无多，寥寥二十字，却如一张蓄满力量的弓箭。

追次汪琬韵

清 / 凌寿祺

龙已去荆湘，水尚晋时色。
应有龙子遗，飞腾向天日。

追《龙湫》次韵的这一首，作者便是写《浒墅关志》的那一位了。凌寿祺本人，写志写诗皆有从容之气，概述山水风景，虽然以客观与克制作为基调，却也常有妙词佳句漏出。这个"漏"，我觉得应该是一种不期然，并非刻意推敲，只是笔随意到。

诗中"水尚晋时色"一句颇有回甘，晋是缪氏女时代，晋时水色，读来就有一种幽闭深邃的不可言说。缪女故事，也有人听来不适不喜，故事中的牺牲倾于惨烈，最后的成全又倾于强烈，人母龙子，即便天方夜谭，大约也欠审美层面上的合理。凌诗"晋时色"无关褒贬，只一道古色过滤。

春晚游管山杂兴（四首）

清 / 邵源

陌上蓝舆往复还，踏青士女斗风鬟；
嘐溪好景惟三月，一路莺啼到管山。
迤俪行来来鹤峰，峰前怪石与乔松；

仙人化鹤留丹井，一片闲云洞门封。
石壁高高耸翠微，云岩塔影看依稀；
道人指点烟深处，半是山晖半夕晖。
路近何妨竟日游，柴门归去不须舟；
中途随意沽村酒，剩有青钱在杖头。

邵源的这四首，分开各成一阕，连缀起来颇有小长卷意趣，陌上走起，迤逦往复，至来鹤峰，至仙人洞，至积翠岩，宛如古人手卷，寸寸展卷，逐一可看，至心仪处，格外停顿，看了又看。

管山，就是今天的观山，在阳山的西北方向，是一座独立的小山，却也可以说是阳山支脉十五峰之一的獂峰。管山山名，据说来自曾隐居于此炼丹修道的白鹤道人管霄霞。管山的特别之处是山上的怪石嶙峋，论山体构成，管山是与狮子山一致的火山岩。说来也很有趣，凌寿祺在《浒墅关志》中，描摹管山"望如狻猊"，狻猊也即狮子，后世将其想象为一头雄狮，与狮山"回头望虎丘"二者，三足鼎立。

诗人邵源的这一帧小长卷兼及远景，还有闲笔勾到了灵岩山，云岩塔隐隐绰绰，又有透视笔法，山晖夕晖，互洇互晕，好一帧春和景明。

吴王夫差墓

清／凌寿祺

何处卑犹旧迹遗，春秋古冢在山陲。
三年报越雄心远，一死亡吴霸业衰。

差免后人求宝剑，还闻小女葬琼姬。

游踪未必苏台遍，长说当时作祸基。

凌寿祺撰《浒墅关志》，认为夫差墓在徐侯山。《吴越春秋》有载，吴王夫差与越王勾践的最后一役后，夫差逃遁阳山，被擒后又被越王赐剑，十日之后自尽，最终结局只有区区六字：越人累土卑犹。然而"卑犹"何在？至今没有确凿说法。凌寿祺认为，卑犹就是徐侯山。但是徐侯山又是哪一座山呢？李根源有过一次专门的寻访，却也犹豫不决，空手而返。迄今夫差墓仍无定论。

琼姬墓

明 / 高启

梦别芙蓉殿头，堕钗零落谁收？

土昏清镜忘晓，月冷珠襦恨秋。

麋鹿昔来废苑，牛羊今上荒丘。

香魂若怨亡国，莫与西施共游。

再录一首高启的诗，这首诗写琼姬。传说琼姬是吴王夫差的女儿，亡国之君的后代，想来命运多舛。不过她的不幸还要更早一些发生，缘起也是西施。琼姬不愿父王耽溺美色，然而屡劝不动，且还被夫差一怒之下赶去湖中荒岛作为惩戒。后来更是差一点被色令智昏的夫差献予越王勾践，灰心至极的琼姬不得已选择投湖，逃避命运。那一潭当时的荒湖即苏州城东的金鸡湖，金鸡之名，也来自"琼姬"的谐音。

芙蓉，成都的别称，琼姬亦指芙蓉城中仙女。此间额外提一句芙蓉，也是高启要对琼姬表达敬重。这首六言诗其实也有七言版本，此间录下前一种，又窃以为此种版本，读来更有一种说不出的悲情。

据说，琼姬墓与夫差墓相近。父女另一头聚首，大约也是别样的悲欣交集了。